CAROLINE LANZINGER

100 Resilienz-Tools für den Alltag

Einfach und effektiv innere Stärke, psychische Widerstandskraft und Stressresistenz trainieren

1. Auflage Februar 2023

Ehrengut Verlag
c/o COCENTER GmbH
Koppoldstr. 1
86551 Aichach

www.ehrengut-verlag.de
info@ehrengut-verlag.de

Piktogramme: MS Office
Lektorat und Korrektorat: Mihrican Özdem
Umschlaggestaltung: Marie-Katharina Becker
Druck: CPI Druckdienstleistungen GmbH,
Ferdinand-Jühlke-Straße 7, 99095 Erfurt

ISBN: 978-3-982523019

Inhalt

Wer über eine stark ausgeprägte

Resilienz

verfügt, geht

glücklicher

durchs Leben.

Unbekannter Verfasser

Vorwort

Hohe berufliche Anforderungen, eine erschwerte Vereinbarkeit von Job und Privatleben, alltägliche Herausforderungen wie Konflikte mit anderen oder Misserfolge, dazu noch weltweite Krisen – das alles wirkt jeden Tag auf dich ein. Anfangs mag es dir vielleicht noch leichtfallen, positiv mit den vielen Herausforderungen umzugehen und dein Leben wie gewohnt weiterzuführen. Bei zu vielen Belastungen gerätst du aber nach und nach in eine Abwärtsspirale, die das Auftreten von Burn-out und Depressionen, aber auch anderen psychischen und physischen Beschwerden begünstigen kann.

Um dem entgegenzuwirken, benötigst du vor allem eins: eine stark ausgeprägte Resilienz. Das ist die Fähigkeit, sich von alltäglichen Herausforderungen und Schicksalsschlägen nicht aus der Bahn werfen zu lassen, sondern ihnen mit innerer Stärke zu begegnen, daraus zu lernen und daran zu wachsen.

Doch was bedeutet das konkret?

Das lässt sich ganz einfach beantworten: Resilienz ist das Immunsystem deiner Seele. So wie das Immunsystem deines Körpers verhindert, dass du durch eindringende Krankheitserreger krank wirst, kann das Immunsystem deiner Seele dich vor Einflüssen schützen, die dich psychisch belasten und auf Dauer deiner Seele schaden. Damit aber das Immunsystem deiner Seele intakt bleibt, muss du regelmäßig etwas tun. Je mehr negative Einflüsse nämlich darauf einprasseln, desto rissiger wird es und desto weniger kann es dich schützen.

Du fragst dich jetzt wahrscheinlich, wie du deine Resilienz stärken kannst.

Die gute Nachricht ist, dass du sie ganz einfach und effektiv im Alltag trainieren kannst. Die hier vorgestellten praktischen Tools sollen dir dabei helfen.

Keine Panik! Du musst nicht alle hundert Tools anwenden, um etwas zu bewirken. Das wäre ein wenig realistisches Unterfangen.

Suche dir jene heraus, die am besten zu deiner einzigartigen Persönlichkeit und deiner aktuellen Situation passen. Höre dabei achtsam in dich hinein und überlege genau, was du momentan brauchst und welche Tools dir guttun. Beschäftige dich jeden Tag nur zehn Minuten mit deinem Resilienz-Training und du wirst bereits in Kürze eine positive Entwicklung bei dir feststellen. Du hast es selbst in der Hand!

In den Phasen, in denen du dich stark und voller Energie fühlst, kannst du dieses Buch beiseitelegen. In schwierigen Phasen deines Lebens soll es dir ein treuer Begleiter sein und dich dabei unterstützen, deine psychische Widerstandsfähigkeit zu stärken, um kraftvoll und unbeschwert durchs Leben zu gehen.

01 | Akzeptanz lernen

Es ist, wie es ist, und es wird, was du daraus machst.

„Wer ja sagt zu seinem Schicksal, den führt es voran; den Widerstrebenden aber schleift es mit."

Seneca (4 v. Chr. – 65 n. Chr.)

Um die eigene Resilienz zu stärken und sich von alltäglichen Problemen und Schicksalsschlägen nicht aus der Ruhe bringen zu lassen, ist Akzeptanz eine wichtige innere Haltung. Während die einen jede Situation akzeptieren können, fällt es vielen anderen erst einmal schwer.

Doch warum ist Akzeptanz so wichtig? Es gibt Situationen im Leben, die uns regelrecht aus der Bahn werfen. Das können alltägliche Probleme sein wie Stress auf der Arbeit oder Konflikte mit einem Angehörigen. Das können aber auch Schicksalsschläge sein wie der Tod eines geliebten Menschen, finanzielle Not, Verlust des Jobs oder Krankheit. All diese Situationen dürfen bedauert und betrauert werden. Es ist wichtig, diese Gefühle zuzulassen, denn wenn du sie verdrängst, bewirkst du damit lediglich, dass sie dich irgendwann mit voller Wucht wieder einholen.

Manche dieser Situationen sind veränderbar. Bei einem Konflikt mit einem dir wichtigen Menschen könnt ihr euch vielleicht professionell begleiten lassen und ihr findet wieder zueinander. Oder du nutzt den Verlust deines Jobs dafür, um dich endlich selbst zu verwirklichen.

Andere Situationen kannst du hingegen nicht ändern. Entweder, weil jetzt noch nicht der richtige Zeitpunkt gekommen ist oder weil sie, wie z.B. der Tod, unumkehrbar sind. In diesen Fällen ist es wichtig, zu trauern und deinen Gefühlen freien Lauf zu lassen – das gehört zu solchen Schicksalsschlägen dazu.

Doch es ist genauso wichtig, sie früher oder später anzunehmen und loszulassen, also nicht mehr zu grübeln, an dem Ereignis klebenzubleiben, sonst rauben sie dir unnötige Energie, die du für andere Dinge in deinem Leben benötigst. Nichts anderes ist Akzeptanz. Sie beschreibt die Fähigkeit, neue Situationen anzunehmen.

Die gute Nachricht dabei: Akzeptanz kann erlernt werden. Natürlich scheint Akzeptanz einigen Menschen schon in die Wiege gelegt worden zu sein, doch auch diejenigen unter uns, denen es schwerfällt, die Dinge so hinzunehmen, wie sie sind, können ihre Fähigkeiten in diesem Bereich ausbauen. Dazu gibt es nützliche Tools, die auf dem Weg zu mehr Akzeptanz großartige Unterstützung leisten können. Welche das sind und wie auch du von ihnen profitieren kannst, erfährst du nun.

Tool #1

Annehmen und loslassen

Akzeptanz beginnt damit, die Dinge anzunehmen, die nicht zu ändern sind. Wenn du also vor einem Problem oder einer Herausforderung stehst, kann es hilfreich sein, sich und die Situation zu reflektieren. Was genau musst du daran akzeptieren, weil es jetzt oder in Zukunft nicht zu ändern ist?

Nimm die Dinge an, auf die du keinen Einfluss hast.

Lass deinen Gedankenballast los. Dich aufzuregen und zu grübeln, kostet dich unnötig Energie. Diese Energie kannst du dafür aufwenden, um Veränderungen in den Bereichen zu schaffen, in denen das möglich ist.

Vielleicht hilft dir ein Beispiel, um zu verdeutlichen, wie wichtig es ist, zu akzeptieren und loszulassen. Betrachte dein Leben als eine Fahrt mit dem Heißluftballon. Um weiter aufsteigen zu können, ist es an manchen Stellen nötig, Ballast abzuwerfen. Genauso ist es auch an manchen Stationen deines Lebens. Du kannst dich vor allem dann weiterentwickeln, wenn du belastende Dinge, die nicht zu ändern sind, abwirfst. Wie der Ballon wirst du dich leichter fühlen und vorankommen.

Tool #2

Veränderungen schaffen

Etwas zu akzeptieren, bedeutet nicht, dass du dich passiv deinem Schicksal ergibst und die Hände in den Schoß legst. Ganz im Gegenteil.

Du akzeptierst das, was sich nicht ändern lässt. In vielen Situationen gibt es aber auch Aspekte, die du durchaus durch dein eigenes Zutun verändern kannst. Damit ist nun nicht der eine magische Schritt gemeint, der das Problem in Luft auflöst, sondern es geht vielmehr darum, das ein oder andere Zahnrad umzustellen und zumindest teilweise die Richtung zu ändern.

Nicht nur lässt das ein Problem oder eine unangenehme Situation kleiner werden, es gibt dir auch Energie, Ruhe und Macht zurück.

Betrachte Situationen, die dir ein unbehagliches, gar schlechtes Gefühl bereiten, ganz genau: Welche Aspekte an dieser Situation kannst du ändern? Was musst du dafür tun? Wie verändert sich die Situation dadurch?

Du wirst merken, wie viel du eigentlich selbst noch in der Hand hast und wie gut auch nur kleine Änderungen dir beim Akzeptieren helfen werden.

Tool #3

Im Hier und Jetzt leben

Um eine Situation akzeptieren zu können, ist es von großer Wichtigkeit, dass du sie im Hier und Jetzt betrachtest. Doch warum ist das so? Die Erklärung dazu ist so einfach wie genial.

Bringt es dir etwas, in der Vergangenheit zu verharren? Bringt es dir etwas, darüber zu grübeln, welche deiner Entscheidungen dich in diese Situation gebracht haben? Nein.

Bringt es dir etwas, dich darüber aufzuregen, dass du damals Lösung A und nicht Lösung B gewählt hast? Nein.

Mal davon abgesehen, dass du nie erfahren wirst, ob du eine nicht so gute Wahl getroffen hast oder eine andere vielleicht sogar noch schlimmer gewesen wäre, ändert es auch nichts an der Situation im Hier und Jetzt. Also: Lass die Vergangenheit ruhen.

Blicke auch nicht zu sehr in die Zukunft. Denn bringt es dir etwas, darüber zu grübeln, wie wohl deine Zukunft aufgrund deiner Entscheidung aussehen wird? Nein.

Lohnt es sich für dich, dir vorzustellen, wie es gekommen wäre, wenn du anders gehandelt hättest? Die Antwort dürfte dir nun bekannt sein und auch die Erklärung dazu kannst du dir selbst ableiten. Auch hier:

Grüble nicht unnötig über Dinge, die noch nicht eingetroffen sind und die vielleicht nie eintreffen werden.

Tool #4

Alle Seiten des Lebens bewusst wahrnehmen

Um mehr Resilienz zu entwickeln und schließlich auch mehr Gelassenheit und Lebensfreude zu fühlen, ist es wichtig, dass du dich mit allen Seiten des Lebens bewusst auseinandersetzt.

Zum Leben gehören nicht nur gute Dinge, sondern auch solche, die uns nicht gefallen, die aber dennoch nicht zu ändern sind. Jeder Mensch geht durch persönliche Krisen, erlebt Verluste, Ungerechtigkeiten oder trifft auf bösartige Mitmenschen.

Mach dir bewusst, dass du nicht alles unter Kontrolle haben kannst. Es gibt Ereignisse, die dich aus der Bahn werfen können, auch wenn du dich auf sie vorbereitest.

Aber sei dir sicher: Gefühle sind vergänglich. Die Trauer nach einem Todesfall ebenso wie die Freude über das neue Auto. Du kennst es sicher schon: Wenn du Freude empfunden hast, wie lange hat die Freude angehalten? Nicht sehr lange, oder? Das gilt auch für Schmerzgefühle, Ärger, Traurigkeit. Gefühle kommen und gehen. Dies zu verstehen, kann dir helfen, gelassener zu werden und mehr Leichtigkeit zu finden. Hinterfrag also auch hier deine eigenen Gefühle. Es ist okay, zu trauern, wütend zu sein, Gefühle zuzulassen, doch opfere nicht deine ganze Energie für Dinge, die du nicht ändern kannst.

Tool #5
Menschen so akzeptieren, wie sie sind

Wir alle möchten so akzeptiert werden, wie wir sind. Jeder Mensch strebt danach, als der Mensch anerkannt zu werden, der er wirklich ist, und nicht als der, der er vorgibt zu sein. Auch du möchtest angenommen werden, egal was du denkst und fühlst. Wenn du das im Hinterkopf behältst, sollte es dir leichter fallen, dich nicht mehr so sehr über andere Menschen zu ärgern. Mach dir klar:

Jeder Mensch hat eigene Werte, eigene Moralvorstellungen und eigene Vorlieben. Du kannst das nicht ändern, und es ist auch gar nicht deine Aufgabe, das zu tun.

Du möchtest auch nicht, dass jemand versucht, dich zu ändern, z.B. dich von anderen Glaubenssätzen zu überzeugen. Lerne gerade in diesem Bereich Akzeptanz, denn in deinem Leben werden dir Menschen begegnen, die anders sind als du und die über die Dinge, die dir im Leben wichtig sind, anders denken als du. Nutze solche Begegnungen als Lektion für deine eigene Situation.

Wenn du mit einem Menschen gar nicht klarkommst, versuche, den Kontakt entweder abzubrechen oder aber auf das Nötigste zu reduzieren. Umgib dich lieber mit Menschen, die dir, deinem Seelenleben guttun. Du musst dich mit anderen Lebenseinstellungen nicht umgeben, es reicht völlig, wenn du akzeptierst, dass es sie gibt.

Tool #6
Akzeptanz als Herzensprojekt betrachten

Akzeptanz kann beim Stressabbau enorm helfen. Betrachte folgende Situation: Es ist Montagmorgen, du hast schlecht geschlafen und in der Arbeit wartet ein riesiger Haufen an Aufgaben auf dich. Du weißt im ersten Moment gar nicht, wie du den Tag bewältigen sollst. Dir fehlt Energie, und dein erster Weg, nachdem du dich für die Arbeit bereit gemacht hast, führt zur Kaffeemaschine. Dort angekommen, merkst du: Die Kaffeedose ist leer und die Milch schlecht geworden – ein Kaffee, der deinen Geist und Körper belebt, rückt in weite Ferne. Du hast nun zwei Möglichkeiten:

- Du verwendest deine Energie dafür, dich über die Situation aufzuregen. Du ärgerst dich über Gott und die Welt, über andere, weil sie nicht einkaufen waren, und über dich, weil du nicht aufgepasst hast. Völlig erschöpft kommst du an deinem Arbeitsplatz an und hast mit deiner gereizten Grundstimmung keine Konzentration mehr für deine Aufgaben.

- Du akzeptierst die Situation, denkst an die Bäckerei auf dem Weg zur Arbeit, bei dem es auch Kaffee gibt. Die Woche wird anstrengend und ist schlecht gestartet, also motivierst du dich mit einer Leckerei für die Mittagspause. Du hältst bei der Bäckerei an, genießt dort einen köstlichen Kaffee und nimmst noch dein Lieblingscroissant mit. Auf der Arbeit bereitest du dich in Ruhe auf deine Aufgaben vor und tankst in der Mittagspause mit deiner leckeren Belohnung neue Kraft für den restlichen Arbeitstag.

Welche Option ist wohl besser für dich und dein Wohlbefinden? Die Antwort kennst du:

Reg dich nicht über etwas auf, was nicht zu ändern ist. Wähle stattdessen eine Alternative, wenn möglich.

Tool #7
Sich selbst akzeptieren

Du hast gelernt, dass Akzeptanz ein wichtiger Faktor für die Stärkung deiner Resilienz ist. Dinge, die nicht zu ändern sind, Menschen, die dir im Leben begegnen, vergangene Ereignisse und vieles mehr – all das erfordert deine uneingeschränkte Akzeptanz.

Die Entwicklung von Akzeptanz im Leben beginnt bei der Selbstakzeptanz.

Selbstzweifel sind dabei erst einmal etwas völlig Normales und der Großteil der Menschen kennt sie. Viele von uns stehen jeden Tag in einem Kampf mit sich selbst. Wir denken manchmal, nicht gut genug zu sein, und manifestieren diese Gedanken tief in unserem Kopf. Wir können uns selbst nicht akzeptieren bzw. denken, Akzeptanz nicht verdient haben. Unsere innere Stimme begleitet uns ständig mahnend und nährt diese Zweifel. So festigt sich unser negatives Selbstbild.

Bevor du also damit beginnst, andere Menschen oder Situationen zu akzeptieren, nimm dich selbst so an, wie du bist.

Begib dich nicht in einen Kampf mit dir selbst, sondern nimm deine Stärken und Schwächen an.

Jede Stärke und jede Schwäche machen dich zu dem Menschen, der du bist. Beginne auch damit, deine Stärken und Schwächen gegenüberzustellen. Frag dich, was du aus deinen Schwächen lernen und ob und wie du sie in Stärken umwandeln kannst.

Ein Beispiel dafür ist, dass du akzeptierst, dass du vielleicht chaotischer bist als andere, dafür aber umso kreativer. Du betrachtest Aufgaben aus einem anderen Blickwinkel und löst sie ideenreich.

Vielleicht ist auch das Gegenteil der Fall und du wurdest schon oft darauf hingewiesen, dass du manches zu eng siehst? Dafür verzettelst du dich weniger, und auf die Erledigung deiner Arbeit ist stets Verlass.

02 | Eigenverantwortung übernehmen

Des eigenen Glückes Schmied sein.

„Ich bin nicht das, was mir passiert ist, ich bin das, was ich entscheide zu werden."

C. G. Jung (1875–1961)

Eine weitere Säule der Resilienz ist die Eigenverantwortung. Hier geht es darum, dass du dein Leben aktiv in die Hand nimmst. Du machst dir bewusst, dass viele Begebenheiten in deinem Leben auf deine Entscheidungen und dein Verhalten zurückzuführen sind. Andere Menschen sind in der Regel nicht für deinen Erfolg oder Misserfolg verantwortlich.

Eigenverantwortung zu übernehmen bedeutet, aus der Passivität herausbrechen und die Opferhaltung zu verlassen.

Ändere die Sichtweise „Alle anderen haben Schuld" in „Viele Situationen, die sich in meinem Leben ergeben, sind ein Resultat meiner Entscheidungen und Handlungen".

So fällt es dir leichter, aktiv etwas dafür zu tun, langfristig Erfolg zu haben und zufriedener mit deinem Leben zu sein. Eigenverantwortung kann gut erlernt werden. Dabei kannst du spielend leicht das Training in den Alltag integrieren.

Tool #8
Ich-Botschaften senden

In der Regel ist es verpönt, viel von sich selbst zu sprechen. Ich, ich, ich! Solche Menschen gelten als Egoisten. Um Eigenverantwortung zu übernehmen, ist es aber notwendig und nicht moralisch verwerflich. Denk einmal an die Momente, in denen du über Probleme gesprochen hast. Oft sprechen wir gerade dann in der dritten Person von uns, statt ein Problem klar anzusprechen. Statt z.B. „Ich finde es hier zu laut“ zu sagen, sagen wir „Man kann gar nichts verstehen“.

Doch warum ist das so? Wenn du beginnst, in der dritten Person über ein Problem zu sprechen, schiebst du die Verantwortung von dir weg. „Man“ hat das Problem, also viele andere Menschen haben das Problem, nicht nur du!

Hier fängt die Eigenverantwortung an.

Wenn du dich durch etwas gestört fühlst, dann sprich es genau so an, wie es ist. Übernimm mit klaren Ich-Botschaften aktiv die Verantwortung für die Umstände, mit denen du ein Problem hast.

Ein Beispiel zur Veranschaulichung: Du bist mit einer Person aus dem Bekanntenkreis zusammen, die dir über ein Ereignis erzählt und deine Meinung dazu hören will. Aber sie spricht so schnell und ohne Pause, dass du ihr gar nicht richtig folgen kannst. Deine Ich-Botschaft könnte lauten:

„Ich möchte dir gern zuhören und verstehen, was du erzählst, aber du sprichst so schnell, dass ich nicht hinterherkomme. Kannst du bitte langsamer sprechen?" Verbinde also deine Ich-Botschaft mit deinen Bedürfnissen und Gefühlen und äußere eine konkrete Bitte.

Tool #9
Situationen analysieren und für die Zukunft lernen

Du bist unzufrieden? Dein Leben läuft nicht nach Plan? Dein Job füllt dich nicht aus? Dann ändere es!

Du hast es oft selbst in der Hand, dein Leben so zu gestalten, dass es dir gefällt.

Doch wie beginnst du damit am besten? Denke an Situationen in deinem Leben, in denen du unzufrieden warst. Stell dir folgende Fragen:

- Warum war ich unzufrieden?
- Was habe ich in dem Moment gefühlt?
- Was hätte ich ändern können?
- Warum habe ich es nicht geändert?
- Wenn ich an eine Änderung der Situation gedacht habe, was habe ich da gefühlt?

So kannst du deine Motive besser verstehen und dann überlegen, was du ändern kannst. Dadurch lernst du für die Zukunft, wie du ähnliche Situationen bewältigen kannst – und zwar zu deiner Zufriedenheit.

Tool #10
Entscheidungen treffen und dazu stehen

Wer die Qual hat, hat die Wahl. Diesen Spruch kennst du sicher, und es ist auch wirklich so. Es kann unangenehm sein, Entscheidungen zu treffen. Welche Konsequenzen folgen daraus? Welche Nachteile entstehen mir durch eine falsche Entscheidung? Ängste sind oft treue Begleiter, wenn wichtige Entscheidungen zu treffen sind.

Oft musst du aber eine Entscheidung treffen. Es lässt sich nicht vermeiden. Einfache Entscheidungen, wie die Frage, ob du in das Café links oder rechts der Straße gehst, sind schnell getroffen. Unangenehmer wird es vielleicht schon, wenn du auf der Arbeit gebeten wirst, einen Vortrag zu halten. Du fragst dich, was passiert, wenn ich nicht verständlich spreche oder sich jemand langweilt. Und von den großen Entscheidungen fangen wir nun lieber nicht an. Doch auch hier ist Eigenverantwortung wichtig. Du triffst eine Entscheidung und stehst mit allen Konsequenzen dazu.

Du wirst feststellen, dass die schlimmen Konsequenzen, die du dir ausgemalt hast, in den meisten Fällen entweder nicht so eintreten oder doch noch irgendwie zu retten sind.

Und falls doch etwas schiefgeht, kannst du aus deiner Entscheidung lernen und in Zukunft einen anderen Weg gehen.

Tool #11
Die Opferrolle verlassen

Schon zu Beginn des Kapitels fiel das Wort Opferhaltung. Im Kontext der Eigenverantwortung lernst du jetzt einen wichtigen Punkt kennen. Wenn du dazu neigst, anderen Menschen oder Umständen die Schuld für deine Erlebnisse zu geben, ziehst du dich fein aus der Verantwortung. Du kannst nichts dafür. Andere tragen die Schuld an deiner Situation.

Sofern du deine Eigenverantwortung nicht an irgendjemanden offiziell abgetreten hast, ist das meistens nicht richtig. Natürlich gibt es Einflüsse und Umstände, auf die du nicht einwirken kannst, aber viele Dinge in deinem Leben hast du selbst in der Hand.

Doch wie kommst du am besten aus einer Rolle heraus, die du schon seit Jahren so gut spielst?

Ändere deine Perspektive. Betrachte dich nicht als Opfer, sondern als die gestaltende Person deines Lebens.

Das ist deutlich einfacher gesagt als getan, aber es ist möglich. Hier sind ein paar Beispiele, an denen du dich orientieren kannst:

- Statt „Ich komme aus armen Verhältnissen, aus mir kann nichts werden“ lieber „Ich habe vielleicht andere Voraussetzungen als andere Menschen, aber ich kann alles in meiner Macht Stehende dafür tun, meine Situation zu verbessern“.
- Statt „Wenn jemand unfreundlich zu mir ist, ist es logisch, dass ich auch so reagiere“ lieber „Es liegt an mir, in einem Gespräch vernünftig zu reagieren und die Situation nicht schwerer zu machen“.
- Statt „Na großartig, das hatte mir noch gefehlt, das zieht mich jetzt voll runter“ lieber „Ich lasse mich nicht durch Situationen oder andere Menschen beeinflussen“.

So änderst du aktiv deine Sichtweise auf die Dinge und beginnst damit, Verantwortung zu übernehmen.

Tool #12
Ziele und Strategien definieren

Um Eigenverantwortung zu übernehmen, ist es hilfreich, wenn du dir darüber klar wirst, welche Ziele du erreichen willst.

Erstelle dir einen Plan mit all den Zielen, die du in deinem Leben erreichen möchtest. Definiere deine Ziele dabei so konkret wie möglich.

Stelle dir folgende Fragen und notiere dir deine Antworten:

- Was möchte ich erreichen?
- Bis wann?
- Wie schaffe ich das?
- Wer kann mir dabei helfen?

Lege klare Etappenziele fest. Nun überlege dir, wie du deine Ziele erreichen möchtest und was du dafür tun musst:

- Welche Entscheidungen muss ich treffen?
- Welche Konsequenzen können daraus entstehen?

Nach jedem Etappenziel reflektiere:

- Welche Konsequenzen sind eingetroffen und welche waren nur in meinem Kopf vorhanden?

Auf diese Weise lernst du, Entscheidungen zu treffen, die

deinen Zielen dienlich sind, und übernimmst gleichzeitig die Verantwortung dafür.

Das kann anfangs ungewohnt sein, weil du es jahrelang anders gewohnt warst, es hilft dir aber letztendlich dabei, ein zufriedeneres Leben zu führen.

Auch hier kannst du mögliche Fehlschläge für dein Leben nutzen und Lehren daraus ziehen. Genau das tun nämlich Menschen mit einer starken Resilienz.

Tool #13
Selbst steuern

Dieses Tool fasst die vorangegangenen noch einmal zusammen, da es aber über eine schöne Symbolik verfügt, möchte ich es dir nicht vorenthalten.

Betrachte dein Leben als eine Reise. Du steuerst dein Fahrzeug die Straßen entlang. Du sitzt am Steuer – niemand anders. Du lenkst, und du bist dafür verantwortlich, wie die Fahrt verläuft.

Ob du eine Rast benötigst, den Wagen tankst oder zur Werkstatt fährst, das alles kannst nur du selbst beurteilen. Beifahrende auf deiner Tour haben von ihren Sitzplätzen aus gar nicht die Möglichkeit, Tank- oder Motoranzeige zu sehen.

Wie im echten Leben sind Beifahrende dafür da, dir gutzutun, dich mit guter Musik zu versorgen, dich zu unterhalten, um dich aufmerksam zu halten, wenn Fahren zu monoton wird – für alles andere aber hast einzig und allein du die Verantwortung.

Lass dir also von niemandem ins Lenkrad greifen, sondern behalte dein Steuer fest in der Hand.

03 | Optimistisch sein

Ein positiver Gedanke kann alles verändern.

„Es geht im Leben nicht darum, zu warten, bis ein Unwetter vorbei ist. Es geht darum, zu lernen, auch im Regen zu tanzen."

Zig Ziglar (1926–2012)

Optimistische Personen sind bewundernswert, oder? Egal, wie dunkel der Weg vor ihnen ist, sie finden einen Lichtstrahl, der sie zu ihrem Ziel führt – oder wenigstens ein Stück voranbringt. Um diese besondere Lebenseinstellung wird es nun in diesem Kapitel gehen. Das bedeutet nicht, dass du von nun an mit der rosaroten Brille durch die Welt laufen und alles ganz wunderbar finden sollst, was dir widerfährt.

Vielmehr handelt es sich beim realistischen Optimismus um die Haltung selbst, die du ab jetzt gegenüber schwierigen Situationen einnehmen kannst. Realistisch optimistische Personen sind in der Lage, eine Situation zu erkennen und nüchtern zu betrachten. Sie verfallen nicht in Panik, verharmlosen aber auch nicht. Sie analysieren, was sich ihnen gerade darstellt und welche Bedeutung es hat.

Sie nehmen dabei eine Haltung ein, welche die positiven Aspekte besonders hervorhebt, ohne dabei negative Aspekte zu vernachlässigen oder gar zu negieren.

So entsteht eine gesunde Einstellung dem Leben und all seinen Widrigkeiten gegenüber. Der Optimismus hilft also, sich hoffnungsvoll Problemen und Konflikten zu stellen, während der Realismus dafür sorgt, die ungeschminkte Wahrheit zu erkennen und nicht aus den Augen zu verlieren. Realistisch optimistische Personen erkennen also an, was ihnen widerfährt, und wenn sich ihnen der Sinn der Sache nicht gleich erschließt, sind sie sicher, dass sich früher oder später ein tieferer Sinn ergeben wird.

Tool #14
An sich selbst glauben

Weißt du, was die meisten optimistischen Personen gemein haben? Sie glauben an sich selbst. Sie können gut abschätzen, wie sie mit Situationen umgehen müssen. Diese Fähigkeit ist wichtig, um zu erkennen, wie du ein Problem gut angehen kannst und wo du lieber einen anderen Lösungsweg gehst. Schöpfe deine Kraft aus vergangenen Situationen, die du gemeistert hast. Und sei gewiss, du hast schon viele gemeistert. Weniger optimistische Menschen sehen sie nur nicht. Frage dich:

- Wie habe ich in einer ähnlichen Situation reagiert?
- Was war meine Lösung?

- Wie gut hat mein Denkansatz geholfen?
- Welche Probleme habe ich bisher gut lösen können?
- Wie kann ich diese Erfahrungen für mich nutzen?
- Was konnte ich aus negativen Erfahrungen für mein weiteres Vorgehen lernen?

Halte dir vor Augen, welche schwierigen Situationen du schon erfolgreich bewältigt hast. So fällt es dir leichter, an dich zu glauben und optimistisch an neue Situationen heranzugehen.

Das kannst du für deinen Alltag nutzen und so Lösungswege wählen oder entwickeln, die dir bei Problemen helfen. Durch positive Erlebnisse gestärkt, fällt es dir nach und nach leichter, optimistisch zu denken. Den nötigen Realismus ziehst du dabei aus deinen eigenen Erfahrungen.

Tool #15
Dankbar sein

Optimistische Menschen sind dazu in der Lage, in fast jeder noch so kleinen Kleinigkeit und jedem noch so winzigen Detail etwas Gutes zu finden. Sie sind dankbar für das, was sie haben, und schätzen das Positive in ihrem Leben wert. Dabei blenden sie nicht aus, dass auch sie von Sorgen und Nöten geplagt werden, im Gegenteil. Darüber sind sie sich bewusst. Aber sie sind dazu in der Lage, sich die guten Dinge ins Gedächtnis zu rufen, die sie in ihrem Leben haben. Das können z.B. sein:

- Eine gute Gesundheit
- Ein Dach über dem Kopf
- Fließendes, sauberes Wasser
- Genug zu essen
- Ein Job, der für den Lebensunterhalt sorgt
- Gute Freunde

Diese Liste lässt sich beliebig lang weiterführen. Fertige dir eine Liste mit den Dingen an, für die du grundsätzlich dankbar bist. Befestige sie gut sichtbar an einer Stelle in deinem Zuhause, die du oft vor Augen hast. Beginne auch damit, die Dinge in ein Notizbuch zu schreiben, für die du täglich dankbar bist.

Durch das Niederschreiben werden dir diese Erlebnisse bewusster. Hier einige Beispiele zur Veranschaulichung:

- Heute bin ich dankbar für die strahlende Sonne, die den Tag so schön macht.
- Heute bin ich dankbar für das Lächeln, das mir ein fremder Mensch geschenkt hat.
- Heute bin ich dankbar für die kurze Warteschlange im Supermarkt.

Wenn du aktiv damit beginnst, Dinge zu suchen, für die du dankbar sein kannst, ändert sich deine Haltung und deine Einstellung zum Leben. Du wirst optimistischer, ohne die Realität aus den Augen zu verlieren.

Tool #16

Sich mit optimistischen Menschen umgeben

Wenn du dich mit pessimistischen Menschen umgibst, kann es schwierig sein, optimistisch zu werden oder zu bleiben. Das liegt daran, dass das negative Mindset nach und nach dein eigenes, positives infiltrieren kann. Optimistische Menschen umgeben sich bewusst oder unbewusst meist mit ihresgleichen. Kontakt zu pessimistischen Personen haben sie oft nur dann, wenn sie es nicht vermeiden können, also z.B. am Arbeitsplatz. Lieber suchen sie sich Menschen, die ihre Lebenseinstellung teilen und sie darin unterstützen, statt sie niederzumachen. Sie selbst sind auch sehr unterstützend. So schafft es eine Gruppe optimistischer Menschen, sich gegenseitig zu motivieren und aufzubauen.

Wenn du nun feststellst, dass dein Freundes- und Bekanntenkreis vor allem aus Menschen besteht, die pessimistisch denken oder sich von deinem Optimismus nicht anstecken lassen, so ist es an der Zeit, deinen Umgang mit ihnen zu überdenken. Willst du weiterhin Kontakt zu ihnen haben? Kannst du den Kontakt vermeiden oder minimieren?

Versuche, den Kontakt zu pessimistischen Menschen zu minimieren. Du wirst schnell merken, dass du mehr Kraft und Energie hast, wenn du dich mit Menschen umgibst, die dir guttun.

Tool #17
Positives berichten

Die Dinge, über die wir sprechen, beeinflussen unsere Stimmung. Realistisch optimistische Menschen beschönigen nicht, übertreiben aber auch nicht.

Stelle dir vor, du triffst auf Freunde, Bekannte, Kollegen oder Familie und tauschst dich mit ihnen aus. Dabei wird vor allem über negative Ereignisse berichtet. Jemand war unfreundlich, etwas ist schiefgelaufen etc. Die Stimmung verschlechtert sich, da der Fokus auf negativen Ereignissen liegt.

Optimistische Menschen sind anders. Natürlich erzählen sie auch von unangenehmen Dingen, denn diese gehören zum Leben dazu, aber sie berichten vor allem von positiven Ereignissen, so klein sie auch sind. „Ich bin heute auf der grünen Welle zu dir gefahren“, „Der Busfahrer war heute freundlich“. Solche Sätze hellen die Stimmung auf.

Wenn du damit beginnst, vor allem die positiven Erlebnisse in deinem Leben wiederzugeben, merkst du schnell, wie sich nicht nur deine eigene Stimmung, sondern auch die deiner Mitmenschen zum Positiven verändert.

Tool #18
Bitte lächeln!

In Gesprächen beziehen sich realistisch optimistische Menschen auf Fakten, sie haben keine rosarote Brille auf. Ihre Mimik und Gestik sind authentisch, sie sind offen für ihr Gegenüber und schaffen somit eine gute Grundlage für Gespräche. Wichtig dabei ist das Lächeln.

Optimistische Menschen lächeln in Gesprächen viel. Das hat einen guten Grund. Versuche es auch einmal!

Wenn du lächelst, wird an dein Gehirn die Botschaft weitergeleitet, dass du glücklich bist. Das bewirkt wiederum, dass Endorphine ausgeschüttet werden und du dich schließlich glücklich fühlst. Dein Gegenüber erhält durch dich die gleichen Signale und fängt auch an, zu lächeln. Auch hier werden Glückshormone freigesetzt und eine gute Grundlage ist geschaffen. In einer solchen Umgebung kannst du dann doch nur noch optimistisch sein, oder?

Tool #19
Nach dem „Worst Case“ fragen

Wie wir nun schon wissen, wird Optimismus durch Pessimismus ausgebremst. Pessimistische Menschen gehen in erster Linie vom Worst Case aus, also dem schlimmstmöglichen Fall, der in einer Situation eintreten kann. Wir alle kennen dieses Denken und auch du wirst sicher schon des Öfteren so gedacht haben.

Nun denk aber zurück an diese Situationen. In den meisten Fällen ist der schlimmstmögliche Fall gar nicht eingetreten. In den Fällen, in denen der schlimmstmögliche Fall eingetreten ist, war er wahrscheinlich doch nicht so schlimm, wie du es erwartet hast.

Genau hier gilt es also, anzusetzen.

Wenn du dich vor eine Situation gestellt siehst, die in dir Unbehagen auslöst, denk an den Worst Case.

Stell dir vor, die Abteilungsleitung zitiert dich nach Feierabend ins Büro. Dir ist ein Fehler unterlaufen und du weißt, dass dadurch ein wichtiger Arbeitsprozess hinausgezögert wurde.

Stell dir die folgende Frage: „Was ist der schlimmstmögliche Fall, der eintreten kann?“

Die Antwort: Die Kündigung, dann die finanzielle Notlage, also Geldprobleme, schließlich der soziale Abstieg.

Klingt furchtbar, oder? Wie wahrscheinlich ist es aber, dass genau das eintrifft? Richtig: Dieser Fall ist unwahrscheinlich.

Und schon bist du da, wo du hingehörst. Je öfter du dich damit beschäftigst, was der Worst Case sein könnte, desto öfter wirst du feststellen, dass dieser gar nicht eintritt. Schritt für Schritt lernst du so, Situationen besser einzuschätzen. Deine Denkweise wird sich vielleicht von einer pessimistischen hin zu einer optimistischen wandeln. Du wirst mit weniger Angst an solche Situationen herangehen und einen kühlen Kopf bewahren können.

Tool #20
Sich nicht vergleichen

Wir Menschen neigen dazu, uns mit anderen zu vergleichen. „Andere sind viel schöner als ich", „Andere sind besser gebaut als ich", „Andere sind so viel klüger als ich" – das sind Sätze, die mehr oder weniger unbewusst fast jeder von uns schon einmal gedacht hat. Optimistische Menschen kennen solche Vergleiche kaum. Das liegt daran, dass sie sich ihrer eigenen Stärken und Schwächen bewusst sind. Sie glauben an sich selbst und machen sich nicht kleiner als die anderen. Zudem wissen sie eine Sache genau: egal, wie schön, wie erfolgreich, wie intelligent – die meisten Menschen haben ihr eigenes Päckchen zu tragen. Wir sehen nur die Oberfläche und nicht, was sich darunter abspielen könnte:

- Sie ist sehr schön, aber sie hatte noch keine ernsthafte Beziehung.
- Er hat einen großartigen Körper, aber er vernachlässigt seine Familie für sein Aussehen.
- Sie ist sehr intelligent, aber auch voller Selbstzweifel.

Hör auf, dich zu vergleichen. Du bist ein Mensch mit eigenen Stärken, Talenten und Besonderheiten, um die andere dich beneiden. Bei deinen Mitmenschen siehst du nur den Bruchteil ihres Lebens.
Bleibe bei dir!

Wenn du das verinnerlichst und dir das regelmäßig vor Augen führst, wird es dir leichter fallen, den Vergleich mit anderen Menschen zu unterlassen.

Bleibe lieber bei dir, vergleiche dich lieber mit dir selbst:

- Wie war ich in der Vergangenheit? Was habe ich gemacht?
- Wie sieht der Status quo aus?
- Wie und wo sehe ich mich in Zukunft?
- Was kann ich tun, um dahin zu kommen?

Hier ein einfaches Beispiel zur Verdeutlichung aus dem Sport: „Letztes Jahr habe ich regelmäßig Sport gemacht, jetzt lasse ich nach. Ich sollte mich da bessern und mindestens zwei Mal pro Woche um den Block laufen."

04 | Lösungsorientiert denken und handeln

Ein Problem zu lösen, heißt, sich vom Problem zu lösen

„Reden über Probleme, lässt die Probleme wachsen. Reden über Lösungen, lässt die Lösungen wachsen."

Steve de Shazer (1940–2005)

Lösungsorientiertes Denken und Handeln ist eng verknüpft mit realistischem Optimismus. Um das eigene Leben mit einer großen mentalen Widerstandskraft zu führen, solltest du wissen, wie du Probleme, die gelöst werden müssen, anpacken kannst.

Auch hier findet tief in deinem Inneren ein Umdenken statt. Beim lösungsorientierten Denken und Handeln geht es um deine innere Haltung. Hast du dich bisher vor allem auf das Problem selbst konzentriert, fängst du nun damit an, dich vollkommen auf die Lösung zu fokussieren. Dadurch beginnst du damit, zukunftsorientiert zu handeln und die Lösung des Problems noch vor die Ursachen desselben zu stellen. Um das zu schaffen, bedarf es einer gewissen Kreativität und weniger analytischem Denken.

Da wir über Jahre hinweg jedoch so programmiert worden sind, dass wir das Problem selbst fokussieren, kann es manchmal schwer werden, umzudenken. Führe dir vor Augen: Das Problem ist schon da, und was jetzt zählt, ist eine gute Lösung. Und die bekommst du dann, wenn du deine Aufmerksamkeit verlagerst. Du befindest dich in einem Wald. Das Ziel, die Spitze eines Berges, hast du schon vor Augen, doch wie erreichst du es nun?

Tool #21
Sich distanzieren

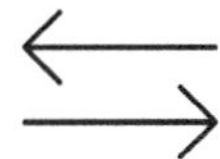

Wenn eine unangenehme Situation gerade frisch aufgetreten ist, haben wir in diesem Moment auch mit einigen Gefühlen zu kämpfen: Wut, Trauer, Verzweiflung. Menschen mit weniger stark ausgeprägter Resilienz können im ersten Moment Panik und Angst bekommen. In diesem Stadium macht es wenig Sinn, sich sofort dem Problem oder der Herausforderung zu stellen. Hier hilft nur eines: Distanz. Dieses erste Tool auf dem Weg zum lösungsorientierten Denken und Handeln ist einfach, aber dennoch sehr effektiv.

Nimm dir die Zeit, um Abstand zu gewinnen, wenn eine schwierige Situation auftaucht. Oft helfen schon fünf Minuten. In diesen lässt du zunächst die damit verbundenen Gefühle zu und atmest einmal durch.

Um Abstand zu gewinnen, in das Gefühl hineinzugehen, mag sich erst einmal widersprüchlich anhören. Doch das ist es nicht. Denn Gefühle wollen durchlebt werden, du sollst sie nicht übergehen. Deshalb lässt du sie erst einmal zu. Dann kannst du dich auf das fokussieren, was nun wirklich wichtig ist: die Lösung! Das Problem ist nämlich schon da – es bringt nichts, wenn du darüber grübelst, wie es zustande kam oder was du falsch gemacht haben könntest. Wenn du einmal Abstand gewonnen hast, fällt es dir leichter, mit einer neuen Sichtweise daranzugehen und eine Handlungsstrategie zu entwickeln, die dich wirklich weiterbringt.

Doch wie gewinnst du am besten Abstand? Hier einige gute Möglichkeiten:

- Verlasse für fünf Minuten den Raum und atme durch.
- Mache einen Spaziergang an der frischen Luft.
- Höre dein Lieblingslied und lenke dich damit einen Moment ab.
- Wenn es der zeitliche Rahmen zulässt: Schlaf eine Nacht darüber; versuche, bis zum nächsten Tag nicht an die Situation zu denken.

Hier sind all jene Dinge erlaubt, die dir in solchen Momenten guttun und dir dabei helfen, zur Ruhe zu kommen.

Tool #22

Vom Ziel her denken

Für viele Probleme gibt es in der Regel nicht nur den einen Lösungsweg, sondern oft auch mehrere. Wenn du dich also mit einem Problem konfrontiert siehst, mache Brainstorming. Stelle dafür das Problem auf die Seite und schaue, was dein Ziel ist. Was ist für dich die Lösung dieser schwierigen Situation? Wie kommst du dahin? Was sind die nächsten Teilschritte auf dem Weg zur Lösung? Im Endeffekt beginnst du damit, rückwärts zu denken. Das erfordert etwas Aufwand, denn in den meisten Fällen sind wir so programmiert, dass wir vom Problem aus einen Schritt nach dem anderen gehen. Hier ist die Gefahr aber groß, dass wir uns verlaufen und mit dem Ergebnis nicht zufrieden sind.

Wenn sich dir eine schwierige Situation darstellt, denke nicht vorwärts vom Problem zum Ziel, sondern rückwärts vom Ziel Richtung Problem.

So planst du zukunftsorientiert und bist dem Problem schließlich einen Schritt voraus. Du wirst seltener von unvorhergesehenen Ereignissen überrascht und kannst schon kurz nach Auftreten des Problems abschätzen, welche Handlungsstrategie am hilfreichsten sind.

Ein kurzes Beispiel zur Veranschaulichung: Du bist mit einer Person aus dem Bekanntenkreis verabredet. Du genießt es, wenn ihr euch trefft, aber leider kommt die Person zu jedem Treffen mindestens zwanzig Minuten zu spät.

- Das Problem: Du fühlst dich nicht wertgeschätzt. Für dich ist Pünktlichkeit ein Zeichen des Respekts.
- Das Ziel: Die Person erscheint pünktlich zu euren Verabredungen.

Denken vom Problem her:

- Die Unpünktlichkeit ist so unerträglich, dass du weitere Treffen vermeidest.
- Die Unpünktlichkeit ist so unerträglich, dass du die Person beim nächsten Treffen wütend anschreist.

Denken vom Ziel her:

- Du kommst zu den nächsten Treffen selbst später, damit du nicht warten musst.
- Du sprichst die Person in einer ruhigen Minute darauf an, schilderst, wie du dich fühlst, und begegnest ihr auf Augenhöhe.

Wähle eine Möglichkeit aus dem Denken vom Ziel her.

Tool #23
Rückschläge wertschätzen

Du denkst nun wahrscheinlich: „Wie kann ich Rückschläge wertschätzen? Rückschläge sind etwas Schlechtes, sie werfen mich aus der Bahn.“ Niemand möchte einen Rückschlag erleben. Rückschläge schwächen, zehren an den Nerven und sind oft absolute Kraftträuber.

Wenn du aber deine Resilienz stärken und mit großer innerer Stärke dein Leben bestreiten möchtest, so solltest du dir die Sichtweise resilienter Menschen aneignen. Auch diese Menschen erleben nicht gerne Rückschläge, aber sie nehmen sie an und ziehen daraus Lehren für die Zukunft. Menschen mit einer stark ausgeprägten Resilienz wissen: „Ich habe versucht, ein Problem zu lösen. Das ist mir nicht gelungen. Für meine jetzige Situation ist das zwar der am wenigsten wünschenswerte Ausgang, für zukünftige, ähnliche Situationen weiß ich aber nun, welcher Lösungsweg nicht funktioniert. Ich habe hier etwas dazugewonnen: Erfahrung.“

Bedenke: Du bist noch neu auf dieser Reise und viele alte Strukturen müssen erst einmal aufgebrochen werden, da sie bisher fest in deinem Inneren verankert waren.

Bewerte Rückschläge nicht gleich als negativ. Du hast zwar etwas nicht erreicht, aber für die Zukunft gelernt, welcher Weg der falsche ist.

Tool #24

Um Rat und Unterstützung bitten

Wenn du dabei bist, für ein Problem eine Lösung zu finden, kann es hilfreich sein, andere Menschen um Rat zu fragen. Das hat mehrere Vorteile:

- Du lernst aus den Erfahrungen anderer Menschen.
- Du kannst, zusätzlich zu deinen eigenen Lösungsansätzen, weitere sammeln, und vergrößerst somit deine Auswahl.
- Du erhältst eine neutrale Einschätzung dritter Personen – ein Perspektivwechsel kann manchmal wahre Wunder wirken.
- Du kannst Sorgen und Nöte mit jemandem besprechen – ein Problem, das du bis dato für unlösbar gehalten hast, kann durch das Gespräch mit anderen viel kleiner werden und nicht mehr so bedrohlich wirken.

Scheue dich nicht, andere Menschen um Rat zu fragen. Falscher Stolz kann dazu führen, dass du dir schlussendlich selbst im Weg stehst. Wenn du es zulässt, dass andere Menschen dich unterstützen, kann dir das eine große Last von den Schultern nehmen.

Allein das Reden über das Problem mit jemandem kann befreiend wirken und dir dabei helfen, realistisch und optimistisch an die Lösungsfindung heranzugehen.

Tool #25
Lösungswege kombinieren

Denke daran: Jedes Problem, jede schwierige Situation hat manchmal mehrere Lösungswege, die du jeweils einzeln gehen kannst. Es kann aber auch gut sein, dass du verschiedene Lösungswege vor dir hast und keiner davon so richtig passt. Dafür funktionieren sie aber in Kombination. Sei flexibel und reagiere auf die sich gebenden Umstände.

Oft versteifen wir uns auf einen Weg und vernachlässigen dabei die Abkürzungen, die wir gehen können, damit sich die ganze Situation in Wohlgefallen auflöst.

Denk also flexibel, wenn du dich auf die Suche nach einer Lösung machst. Es ist möglich, mehrere Gesichtspunkte miteinander zu kombinieren, um das Beste aus einer Situation herauszuholen.

Sei also offen für neue Erfahrungen und lass dich auch auf Ansätze ein, die du bisher nie gewagt hast, umzusetzen. Du wirst schnell merken, wie einfach sich manche Situationen auflösen.

05 | Für ein gutes soziales Netzwerk sorgen

Emotionale Bindungen machen uns stark.

„Wir fühlen uns stärker, gesünder und vollständiger innerhalb tief verbundener Beziehungen."

*Sue Johnson (*1947)*

Wenn du dich Herausforderungen gegenüberstehen siehst, kannst du dich dafür entscheiden, diese allein zu bestreiten. Du kannst sie annehmen, eine Lösung suchen, die weitere Vorgehensweise planen und danach handeln. Damit machst du dich unabhängig von anderen Menschen. Du lebst autark, brauchst für den Erfolg niemanden. Das kann funktionieren, sogar gut. Der Nachteil ist allerdings, dass es sehr kräftezehrend sein kann, alles allein zu machen. Und: Wie lange kann das funktionieren? Wirst du nicht irgendwann einmal doch die Unterstützung deiner Mitmenschen brauchen? Deshalb: Fange schon jetzt an, die Hilfe deiner Familienangehörigen und anderer Bezugspersonen in Anspruch zu nehmen. Zudem geht es dabei nicht nur darum, aktive Hilfe zu erhalten, sondern auch darum, jemanden zu haben, der da ist, wenn du ein offenes Ohr benötigst.

Tool #26

Wählerisch sein

Beim Aufbau deines Netzwerks solltest du darauf achten, Personen zu wählen, die dir guttun und auch konkret helfen können. Betrachte also die Menschen in deinem Leben ganz genau. Stell dir dabei folgende Fragen:

- Mit wem fühle ich mich wohl?
- Wer bringt mich weiter?
- Wer ist für mich da, wenn ich Hilfe brauche?
- Wer versucht, mich und meine Pläne klein zu halten?
- Wer zieht mich mit negativen Gedanken runter?

Überlege dir sorgfältig, wer ein Mitglied deines sozialen Netzwerks sein soll.

Die Menschen, auf die deine Wahl trifft, sollten unterstützend sein. Du musst dich auf sie verlassen, ihnen vertrauen können. Nur auf dieser Basis ist ein gutes Netzwerk möglich. Sorge schließlich dafür, dass du mit den Menschen, die zu deinem Netzwerk gehören sollen, regelmäßig Kontakt hast, und versuche, den Kontakt zu den Personen zu meiden, die dir nicht guttun (siehe Tool #30: Toxische Menschen meiden).

Tool #27
Geben und nehmen

Mach dir klar, dass eine gute Verbindung auf Gegenseitigkeit beruht. Wenn du Personen auswählst, die dich im Notfall auffangen sollen, so sei dir bewusst, dass auch du eine Verpflichtung eingehst.

Soziale Netzwerke funktionieren nach dem einfachen Prinzip des Gebens und des Nehmens. Eine Hand wäscht die andere; wer dir heute auf die Beine hilft, braucht vielleicht morgen selbst Unterstützung von dir.

Vergiss das nicht, denn nur so kannst du ein gesundes Netzwerk aufrechterhalten. Natürlich geht es nicht darum, dass du jederzeit parat stehst für den anderen. Es wird vorkommen, dass du einmal nicht helfen kannst, weil du z.B. keine Zeit hast oder krank bist. Ebenso stehen dir die anderen nicht immer zur Verfügung. Nur sollte sich das Geben und Nehmen die Waage halten. Wenn du oft nimmst und selten gibst, schwächst du dein Netz, das du aufgebaut hast.

Also: Sei dir bewusst, dass zum Nehmen auch Geben gehört.

Tool #28
Empathisch sein

Empathie ist die Fähigkeit, mit anderen Menschen mitzufühlen. Das ist ein wichtiger Faktor bei der Schaffung eines Netzwerks.

Je mehr du dazu bereit bist, auf dein Gegenüber einzugehen, desto mehr ist dein Gegenüber dazu bereit, auch auf dich einzugehen. Je verständnisvoller du bist, desto mehr Verständnis bringt auch dein Gegenüber für dich auf.

Empathie ist für die Stärkung deiner Resilienz so wichtig, dass du dazu ein eigenes Kapitel findest, das Kapitel 11. Im Zusammenhang mit dem Netzwerk soll es genügen, deutlich zu machen, dass du ohne Mitgefühl für deine Mitmenschen keine guten Beziehungen pflegen kannst. Und ohne gute Beziehungen hast du keine emotionale und auch tatkräftige Unterstützung im Leben.

Tool #29

Bezugspersonen regelmäßig treffen

Ein soziales Netzwerk möchte gepflegt werden. Sorge also dafür, dass du dich regelmäßig mit deinen Bezugspersonen triffst, mit ihnen telefonierst oder ihnen zwischendurch eine Nachricht schickst. Frage sie, wie es ihnen geht und was sie so machen. So zeigst du Interesse an ihrem Leben und hältst den Kontakt aufrecht.

Durch regelmäßigen Kontakt steigt die Bereitschaft der Menschen, bei Problemen für dich da zu sein und dich zu unterstützen.

Zudem tust du dir auch noch selbst etwas Gutes: Ein Treffen mit Menschen, die wohltuend auf dich wirken, führt in der Regel zu mehr Freude und Energie. Du hast die Möglichkeit, mit deinen Bezugspersonen einen Teil deiner Freizeit zu verbringen und dabei den Stress des Alltags für einen Moment zu vergessen. Dabei könnt ihr gemeinsam neue Aktivitäten ausprobieren, z.B. euch gemeinsam sportlich betätigen und damit etwas für eure körperliche Gesundheit tun. Oder ihr verbringt einfach einen ruhigen Abend mit interessanten Gesprächen.

Tool #30

Toxische Menschen meiden

Wir hatten dieses Thema schon in Kapitel 3. Es gehört auch in dieses hinein, denn wenn es um emotionale Bindungen geht, geht es auch darum, zu wem wir lieber keine Bindung eingehen sollten. Nämlich toxischen Menschen.

Diese Menschen sind nicht wohltuend, ganz im Gegenteil. Sie schaffen es, sich in unser Leben einzuschleichen. Sie stiften Chaos und rauben uns Energie, Zeit und Nerven. Es wäre schön, wenn es eine Möglichkeit gäbe, sie zu meiden.

Es ist aber schwierig, toxischen Menschen komplett aus dem Weg zu gehen. Sei es, weil sie im gleichen Betrieb arbeiten oder weil sie zur Familie gehören. Es gibt aber die Möglichkeit, den Umgang mit ihnen zumindest zu reduzieren.

Achte genau darauf, wer dir guttut, dir durch seine bloße Anwesenheit Kraft schenkt, und wer deine Kraftreserven erschöpfen lässt. Wenn es möglich ist, vermeide den Umgang mit solchen Menschen.

Ist das nicht möglich, lass dich nicht in den Strudel solcher Negativität ziehen. Das erfordert oft ein dickes Fell, das du dir vielleicht erst aneignen musst, aber es wird sich für dich lohnen. Je mehr du den Kontakt zu toxischen Menschen einschränkst, desto freier und wohler wirst du dich fühlen. Lass also nicht blind jeden Menschen in dein soziales Netzwerk hinein.

Tool #31

Handy aus!

In der modernen Zeit von heute geht fast nichts mehr ohne unser Handy. Wir surfen im Internet, erstellen Profile, lernen Freunde und die große Liebe auf Online-Plattformen kennen und shoppen nach Herzenslust in den Kaufhäusern dieser Welt – das alles mit wenigen Klicks.

Oft merken wir dabei gar nicht mehr, wie sehr die Technik schon die Kontrolle über unser Leben übernommen hat. Lass deinen Blick streifen und du wirst feststellen: Unser Smartphone ist unser täglicher Begleiter und nur selten legen wir es aus der Hand. Leider auch dann, wenn wir Bezugspersonen treffen und unser Netzwerk pflegen möchten.

Achte darauf, deine volle Aufmerksamkeit deinem Gegenüber zu widmen. Sofern du keinen wichtigen Anruf erwartest, kann es hilfreich sein, wenn ihr vereinbart, die Handys in der Tasche verschwinden zu lassen.

So sind beide Gesprächspartner aufeinander konzentriert und die Art der Gesprächsführung bekommt eine ganz andere Dimension. Du wirst feststellen, dass eure Gespräche tiefer gehen als bisher. Das hat nicht nur den positiven Nebeneffekt, dass sich die Beziehungen zu deinen Mitmenschen vertiefen. Du kann auch feststellen, dass es guttut, nicht nur an der Oberfläche zu kratzen.

06 | Sich an der Zukunft orientieren

Deine Zukunft ist, wozu du sie machen willst.

„Alle Träume können wahr werden, wenn wir den Mut haben, ihnen zu folgen."

Walt Disney (1901–1966)

Eine weitere Säule der Resilienz ist es, den Blick in Richtung Zukunft zu richten. Das bedeutet nicht, abzuwarten und die Dinge, die kommen, kommen zu lassen. Im Gegenteil: Bei der Zukunftsorientierung dreht es sich darum, die eigene Zukunft fest in die Hand zu nehmen. Du kreierst deine Zukunft, indem du sie planst und dein Handeln danach richtest, deine Pläne in die Tat umzusetzen.

Das kannst du vor allem dann gut, wenn du dich damit auseinandergesetzt hast, was du dir für die Zukunft wünscht und wie du dir deine Zukunft vorstellst. Wenn du das getan hast und dir darüber im Klaren bist, wirst du schnell feststellen, dass du mehr Handlungsspielraum hast, als du gedacht hast. Dabei darfst du eines nicht vergessen: Der Weg in die Zukunft deiner Träume darf auch holprig sein. Vieles ist nicht vorhersehbar, einige Wege können nur bis zu einem gewissen Meilenstein gegangen werden, und manchmal stehst du an einer Weggabelung, die es zu meistern gilt: Wie wirst du dich entscheiden? Welcher Weg ist der Beste (nicht unbedingt der Einfachste), um so zu leben, wie du es gerne möchtest? Hast du noch die gleichen Vorstellungen von deiner Zukunft wie noch vor ein paar Tagen, Wochen, Monaten oder gar Jahren? All das sind die Fragen, die du dir beim Thema Zukunftsorientierung stellen solltest. Die Antworten darauf werden dir ganz genau verraten, welcher Weg es ist, den du einschlagen solltest.

Bei der Zukunftsorientierung geht es also um die klare Auseinandersetzung damit, was du dir in deinem tiefsten Inneren wünschst. Was willst du wirklich? Wie kannst du den Weg zu deinem eigenen Selbst einschlagen und welche Handlungen sind dafür nötig?

Tool #32
Die Zukunft visualisieren

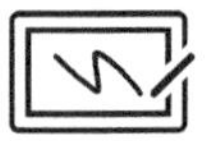

Um zukunftsorientiert zu handeln, ist es hilfreich, wenn du dir dein Ziel so genau wie möglich vorstellst, es also fantasierst. Je klarer dein inneres Bild von deinem Ziel ist, desto besser findest du auch deinen Weg dorthin. Ein Hilfsmittel, welches die Visualisierung verstärkt, ist die Zukunftscollage, „Vision Board" genannt.

Fertige ein Vision Board an: Nimm dir ein großes Blatt Papier und klebe darauf Fotos, Sprüche und andere Dinge, die deine Träume abbilden.

Ziele und Visionen der nächsten fünf oder zehn Jahre sollen dabei sichtbar werden. Durch die klar visualisierte Lebensvision erkennst du, welche deine nächsten Schritte sind. Im Gegensatz zu einer To-do-Liste, in der du nur Punkte abhakst, die du erledigt hast, bietet ein Vision Board zahlreiche Vorteile. Ein Vision Board …

- … erfordert Zeit – Zeit, die du in die Ausformulierung deiner Ziele investierst.
- … hilft dabei, dass du dich auf deine Ziele festlegst.
- … lässt deine Motivation wachsen: Du siehst deine Ziele klar und deutlich vor Augen und möchtest diese auch erreichen.
- … lässt dich unterbewusst die Aufgaben und Maßnahmen erkennen, die zur Umsetzung deiner Ziele nötig sind.

Bei der Erstellung des Boards sind deiner Fantasie keine Grenzen gesetzt: Bilder, motivierende Zitate, Schlagworte – und alles, was dich auf deinem Weg begleiten soll, kann in das Vision Board integriert werden. Farbenfroh und wild oder eher klassisch und schlicht – das Vision Board richtet sich nach deinen Vorstellungen.

Tool #33
Verschiedene Lebensbereiche hinterfragen

Wir bleiben beim Vision Board. Wie schon erwähnt, hilft es, Ziele und Zukunftsvisionen bildhaft darzustellen. Welche das sind, bleibt ganz dir überlassen, immerhin handelt es sich um deine Zukunft.

Wenn du nicht genau weißt, was du dir wünschst, beantworte folgende Fragen zu unterschiedlichen Lebensbereichen. Sei dabei ehrlich zu dir. Deine Antworten werden dir bei der Findung deiner Lebensvisionen helfen.

- Wie ist meine aktuelle Situation – finanziell, beruflich, familiär, Freundschaften betreffend? Wie stelle ich sie mir in Zukunft vor?
- Möchte ich beruflich etwas ändern?
- Habe ich einen guten Ausgleich zu meiner Arbeit? Wie sieht meine ideale Freizeit aus?
- In welchen Punkten bin ich unzufrieden und was konkret fördert diese Unzufriedenheit? Was sind mögliche Lösungen?
- Habe ich Ängste? Wenn ja, woran hindern sie mich? Wo könnte ich sein, wenn ich keine Ängste hätte?

- Worin liegen meine Stärken? Wie kann ich sie in Zukunft nutzen?
- Wo habe ich Schwächen? Wie kann ich mich verbessern?
- Wovon träume ich schon lange? Warum habe ich diesen Traum noch nicht erreicht? Was hat mich bisher davon abgehalten?

Tool #34
Mit den Gedanken experimentieren

Deine Zukunft zu planen und somit aktiv in die Hand zu nehmen, ist ein spannender Vorgang. Noch spannender wird es, wenn du mit deinen Gedanken experimentierst. Setze dich hin, komme zur Ruhe, dann stecke dir hohe Ziele, spinne ein wenig herum: höher, schneller, weiter.

Gerade die letzte Frage des vorangegangenen Tools – Wovon träume ich schon lange? – lädt dazu ein, deine Gedanken schweifen zu lassen. Vielleicht träumst du schon lange von einem Berufswechsel: Statt eines Büroalltags träumst du z.B. von deinem eigenen Laden.

Stell dir dein Ziel vor, halte es dir vor Augen. Ist es ein Wunsch, der nur in deiner Fantasie gut klingt, oder liegt hier schon ein Teil deiner Zukunft? Wenn dem so ist: Was hat dich bisher davon abgehalten, den Weg in diese Zukunft zu bestreiten? Fehlten dir die Möglichkeiten? Hattest du Angst vor der

Veränderung?

Stell dir vor, wie du in deiner Zukunft lebst: Du stehst beispielsweise in deinem eigenen Laden. Deadlines und Akten, die bearbeitet werden, sind Vergangenheit, stattdessen hast du dein Hobby zum Beruf gemacht.

Je höher du nach den Sternen greifst, desto schneller findest du heraus, wo deine Vorlieben wirklich liegen und was dein wahres Selbst wirklich erreichen möchte.

Nutze also solche Gedankenexperimente, um festzustellen, welche Handlungen du durchführen willst, um deinen Weg zu gehen.

Tool #35

Die Zukunft jeden Tag vor Augen halten

Du hast dein Vision Board erstellt. Wichtig ist nun, dass du diese Zukunft immer wieder vor Augen hast.

Suche eine Stelle in deinem Zuhause, die du regelmäßig siehst, z.B. den Kühlschrank. Bringe dein Vision Board dort an. So hast du regelmäßig einen Blick darauf.

Du kannst dein Vision Board auch im Wohnzimmer neben dem TV, im Esszimmer auf dem Tisch, im Schlafzimmer an der Wand haben. Und wenn du es wasserdicht versiegeln kannst, darf es auch in der Dusche hängen. Finde heraus, welche Stelle die beste für dich ist.

Der tägliche Blick auf deine Collage erinnert dich an deine Träume und macht deutlich, besonders an schwierigen Tagen, wofür du etwaige Strapazen auf dich nimmst: für deine Zukunft.

Tool #36
Handlungsabläufe entwickeln

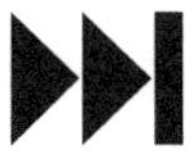

Das Gute an einem Vision Board ist, dass bei der Erstellung dein Unterbewusstsein wirkt, deine Visionen gelangen stärker in dein Gehirn und sind so besser präsent.

In der Regel besteht der Weg in deine Zukunft aus mehreren Abschnitten, die verschiedene Handlungsabläufe erfordern – je nachdem, welche Zukunftsvisionen du hast. Vielleicht möchtest du in fünf Jahren in deinem eigenen Haus leben. Der erste Handlungsschritt könnte hier also sein, Geld für den Kauf oder den Bau zu sparen. Genauso verhält es sich mit den anderen Zukunftsvisionen und Zielen, die du dir für deine Zukunft gesetzt hast. Die Frage, die hier also im Vordergrund steht, ist in den meisten Fällen:

Wie sieht der nächste Schritt auf dem Weg in meine Zukunft aus? Was kann ich konkret tun? Welche Zwischenschritte gibt es?

Dann gehst du einen Schritt nach dem anderen, bis du dort angekommen bist, wo du es willst.

Tool #37
Prioritäten setzen

Nun, da du weißt, welche Ziele du in deinem Leben erreichen willst und wie deine Zukunft aussehen soll, solltest du anfangen, Prioritäten zu setzen.

**Halte dich nicht mit Dingen auf,
die dich nicht nach vorne bringen.**

Sortiere unnötigen Ballast aus und widme dich alldem, das dir beim Erreichen deiner Ziele hilft. Geh taktisch vor – denn bei der Zukunftsorientierung geht es um aktives Handeln. Welches Ziel sollte zuerst erreicht werden? Gibt es eine sinnvolle Reihenfolge? Wie sind die verschiedenen Schritte aufeinander aufgebaut?

Das sind die Fragen, mit denen du dich beschäftigen solltest, um die richtigen Prioritäten zu setzen. So kannst du verhindern, unnötig Zeit zu verlieren, und erreichst dein Ziel und somit die Zukunft deiner Vorstellungen schneller.

Tool #38
Flexibel bleiben

Auch im Hinblick auf Zukunftsorientierung ist ein gewisses Maß an Flexibilität nicht nur wünschenswert, sondern auch ratsam. Bei aller Planung und allem taktischen Vorgehen: Das Leben kann immer wieder unvorhergesehene Wendungen nehmen, die eine Anpassung deiner Ziele verlangt. Auch kann es sein, dass sich deine Ziele durch eigene Vorlieben verändern, und was vor einem Jahr noch die Zukunft deiner Träume war, klingt jetzt gar nicht mehr nach dem, was du dir für dein Leben vorstellst.

Ergänze dein Vision Board also regelmäßig, verändere und bearbeite es, wenn es erforderlich wird. Deine Zukunft ist nicht in Stein gemeißelt – du hast das Steuer in der Hand und planst aktiv.

07 | Selbstbewusstsein und Selbstwirksamkeit stärken

Erfolgreich ist, wer an sich glaubt.

„Man kann viel, wenn man sich nur recht viel zutraut.“

Wilhelm von Humboldt (1767–1835)

Selbstbewusstsein und Selbstwirksamkeit – was steckt dahinter? Unter Selbstbewusstsein versteht man Selbstsicherheit: Jemand ist selbstbewusst, wenn er z.B. seine Meinung vertritt oder wenn er keine Angst vor öffentlichen Reden hat. Es ist jemand, der um seine Stärken und Schwächen sowie seine besonderen Fähigkeiten Bescheid weiß – deshalb selbst-bewusst. Er unterschätzt sich nicht, überschätzt sich aber auch nicht.

Der Begriff Selbstwirksamkeit bedeutet, dass wir überzeugt davon sind, dass wir auch schwierige Situationen aus eigener Kraft erfolgreich meistern können. Es geht dabei um den Glauben an uns selbst, um den Glauben daran, dass wir im Rahmen unserer Möglichkeiten Dinge meistern zu können. Wir sind in der Lage, Änderungen zu bewirken. Wichtig hierbei ist, dass unsere eigenen Erwartungen und Bedürfnisse im Vordergrund stehen und nicht die der anderen Menschen.

Wenn du deine eigenen Stärken und Schwächen kennst und überzeugt davon bist, dass du Einfluss nehmen und Herausforderungen erfolgreich bewältigen kannst, bist du selbstbewusst und selbstwirksam. Damit gehst du weniger gestresst in neue und herausfordernde Situationen hinein.

Tool #39
Komplimente machen

Um selbstbewusst zu werden und Selbstwirksamkeit zu erlangen, musst du damit beginnen, dich selbst zu stärken. Dafür kannst du dich vor einen Spiegel stellen und dir tief in die Augen schauen. Du beginnst damit, dich selbst beim Namen zu nennen und dann dir ein Kompliment zu machen. Du kannst dir sagen, dass du gut aussiehst oder dass du deinen Mut bewunderst. Du kannst dich dafür loben, dass du einen guten Geschmack hast, dass du humorvoll bist und wunderschöne Augen hast.

Mache dir Komplimente und lass keine Details aus. Jedes noch so kleine Kompliment verdient es, vor dem Spiegel laut ausgesprochen zu werden.

Es wird dir am Anfang vielleicht schwerfallen, dir merkwürdig vorkommen, aber diese sogenannte Spiegelübung ist hilfreich. Viele von uns tun sich schwer damit, sich selbst vor dem Spiegel zu loben, denn wir haben gelernt: Eigenlob stinkt. Dabei haben wir viel mehr Lob verdient, als wir glauben.

Mach diese Übung so oft wie möglich: zu Hause, unterwegs, in der Arbeit, vor einem großen Spiegel oder auch mithilfe eines Handspiegels. Nutze die Gelegenheit, wenn du einen ruhigen Moment allein hast, und mach dir selbst Komplimente. Zum einen verschaffst du dir einen regelrechten Selbstbewusstseins-Booster, zum anderen programmierst du dein Gehirn zu einer positiven Grundeinstellung dir selbst gegenüber.

Tool #40
Positive Gedanken aussprechen

Im gleichen Atemzug mit den Komplimenten, die du an dich selbst richtest, kannst du dir auch positive Affirmationen vorsagen.

Wie ein Mantra wiederholst du laut Sätze, die beinhalten, dass du ein wertvoller Mensch bist und dass du bereits vieles in deinem Leben aus eigener Kraft geschafft hast.

Das könne Aussagen sein wie:

- Ich bin wertvoll.
- Ich schaffe alles, was ich mir vornehme.
- Ich glaube an mich, egal was passiert.
- Ich bin der wichtigste Mensch in meinem Leben.
- Ich bin ruhig, gelassen und ausgeglichen.

Die Liste ist beliebig erweiterbar und kann, genau wie die Komplimente, die du an dich selbst richtest, regelmäßig aufgesagt werden. Auch hier funktioniert es sehr gut, wenn du dich dafür vor einen Spiegel stellst und laut und deutlich mit dir selbst sprichst. So kann ein Umdenken leichter stattfinden und dein Selbstbewusstsein und deine Selbstwirksamkeit gestärkt werden.

Eine Einschränkung gibt es: Neuere Untersuchungen haben gezeigt, dass Wiederholen von positiven Sätzen über sich selbst bei Menschen mit sehr geringem Selbstbewusstsein nicht immer wirken oder sogar Stress verursachen können. Ihre negative Selbstsicht kann so stark sein, dass sie sich mit aufgesagten Sätzen nicht so einfach überlisten lassen. Solltest du also das Gefühl haben, diese Methode stresst dich eher, dann versuche lieber etwas anderes.

Tool #41
Erfolge feiern

Es ist schön, wenn es etwas zu feiern gibt, oder? Gerade dann, wenn es einen Anlass dafür gibt, macht es auch besonders viel Sinn, zu feiern. Feiere also deine Erfolge – ob groß, ob klein. Wir neigen gerne dazu, nur die großen Ereignisse in unserem Leben zu feiern. Solche Ereignisse, die das Leben verändern oder die vor allem anderen Menschen zeigen sollen: „Hier bin ich. Schaut mich an und seht, wie erfolgreich mein Leben ist.“ Dadurch vernachlässigen wir aber die vielen kleinen Erfolge in unserem Leben, obwohl auch sie es wert sind, gefeiert zu werden.

Wenn du damit beginnst, jeden kleinen Meilenstein in deinem Leben wertzuschätzen, steigerst du damit nicht nur deine Lebensfreude, sondern auch ganz besonders dein Selbstbewusstsein und deine Selbstwirksamkeit.

Erkenne auch kleine Erfolge als das an, was sie sind: etwas, das du dir erarbeitet hast und auf das du stolz sein kannst. Feiere sie und belohne dich dafür!

Je öfter du das tust, desto häufiger signalisierst du deinem Gehirn: „Mensch, ich bin großartig. Ich erreiche meine großen und kleinen Ziele, ich habe Erfolg.“

Tool #42
Wall of Fame

Mit dem Vision Board hast du schon damit begonnen, deine Wünsche, Träume und Ziele zu visualisieren – warum also nicht auch deine Erfolge?

Eine Wall of Fame gibt dir die Möglichkeit, deine Erfolge immer wieder anzusehen, hält dich motiviert und ruft dir ins Gedächtnis, was du bereits erreicht hast.

Gerade für schwierige Situationen oder für Phasen, in denen es gerade nicht so rund läuft, kann eine Wall of Fame wahre Wunder wirken und dein Selbstbewusstsein pushen. Gleichzeitig wird auch deine Selbstwirksamkeit gestärkt, denn du wirst damit beginnen, dich selbst anders wahrzunehmen. Statt in schwierigen Situationen also vielleicht erst einmal in den Fluchtmodus überzugehen, erinnerst du dich an vergangene Ereignisse in deinem Leben. Einige deiner Wege zum Erfolg waren vielleicht schon von Schwierigkeiten gezeichnet – du aber hast nicht aufgegeben und dein Ziel erreicht.

Für die Gestaltung der Wall of Fame ist deine Fantasie gefragt: Was dir gefällt und hilfreich für dich ist, ist erlaubt: Fotos, Bilder, Dokumente oder Erinnerungsstücke.

All das, das dir Momente in deinem Leben ins Gedächtnis

ruft, in denen du Stolz, Glück und großes Selbstvertrauen gefühlt hast.

Tool #43
Sich selbst belächeln

Wer über sich selbst lachen kann, hat in der Regel ein großes Selbstbewusstsein. Doch warum ist das so? Die Antwort ist einfach.

Wer sich selbst nicht allzu ernst nimmt, hat weniger Angst vor unangenehmen Situationen.

Was soll schon groß passieren? Eine Präsentation und du stolperst? „Ich lächle und mache einfach weiter." Die Situation ist direkt gelöst, die Stimmung aufgelockert und du wirst von anderen Menschen als eine sympathische Person wahrgenommen. Du hast keine Angst vor Fehlern, denn die sind menschlich, und wenn du einen Fehler machst, dann weißt du, dass davon die Welt nicht untergeht. Diese positive Grundhaltung sorgt dafür, dass du mit einem breiten Kreuz auch knifflige Situationen meistern kannst – nichts kann dir etwas anhaben.

Tool #44
Auf die Körperhaltung achten

Stichwort: breites Kreuz. Eine selbstbewusste Körperhaltung wirkt nicht nur auf andere Menschen selbstbewusst, sondern signalisiert auch deinem Inneren: „Mir kann nichts passieren.“

Arbeite also bewusst an deiner Körperhaltung. Gehe und sitze aufrecht, lass deine Schultern nicht hängen.

Ein fester Stand und eine aufgerichtete Haltung geben dir sprichwörtlich den richtigen Halt. Und ein starker Blick, der anderen Blicken standhalten kann, spricht klar: „Ich bin nicht zu erschüttern.“

Da du nun Profi in der Spiegelübung bist, eignet sich auch hier das Setting mit dem Spiegel. Hier kannst du ganz genau beobachten, welche Körperhaltung du einnimmst und wie du dadurch auf andere Menschen wirkst.

Suchst du mit deinen Augen unsicher den Boden ab, lässt du die Schultern schlaff hängen und tippelst von einem Fuß auf den anderen? Das hört sich nicht sehr selbstbewusst an und sieht im Spiegel auch nicht so aus.

Hier hast du also wieder einmal mehr die Möglichkeit, an dir selbst zu arbeiten. Wenn es dir schwerfallen sollte, eine selbstbewusste Haltung einzunehmen, beobachte die Menschen in deinem Umfeld, die du besonders für ihr Selbstbewusstsein bewunderst. Übernehme von ihnen Charakteristika, die dir gefallen, und zwar so lange, bis du selbst einen Weg für dich gefunden hast, auch deine Körperhaltung selbstbewusster zu gestalten.

08 | Achtsam sein und für sich sorgen

Dein Akkustand ist so wichtig wie der Akkustand deines Handys.

„Man kann die Zeit nicht anhalten – man kann nur in der Zeit anhalten."

Unbekannter Verfasser

Achtsamkeit wird oft als das Fundament der Resilienz bezeichnet. Während in unserem Alltag Stress und Hektik Dauergäste sind, steht Achtsamkeit für das komplette Gegenteil. Hier kommt es auf Entschleunigung an, auf genaues Hinhorchen: Was brauche ich gerade, um mich gut zu fühlen? Welche Bedürfnisse habe ich in diesem Moment? Höre ich auf meine Bedürfnisse und nehme sie bewusst wahr oder richte ich mich zu sehr nach anderen Menschen, nach deren Erwartungen? Dem Stress gegenüber steht die Entspannung; statt Hektik soll Lebensfreude das Ruder übernehmen.

Achtsamkeit erlebt in den letzten Jahren einen wahren Aufschwung. Wissenschaftliche Ergebnisse zeigen, dass Achtsamkeit sowohl dem Körper als auch dem Geist guttut. Wer achtsam ist, lässt sich nicht so leicht mitreißen, wenn der Alltagsstress zu groß wird. Gerade für Menschen, die ihre Resilienz stärken möchten, ist es wichtig, achtsam zu sein und immer wieder eine Auszeit von der Welt zu nehmen, um auf sich selbst zu hören und in sich hineinzuhorchen.

Das kann mitunter schwierig sein. Die Gesellschaft hat uns so weit indoktriniert, dass eine Pause eine Auszeit oft noch als Faulheit in unseren Köpfen verankert ist. Sich selbst etwas Gutes zu tun, geht oft einher mit der Vorstellung, egoistisch zu sein. Dass sich unser Denken langsam von solchen Sichtweisen distanziert, ist ein gutes Zeichen und der Schritt zu mehr Resilienz für immer mehr Menschen.

Tool #45
Sich gesund ernähren

Körper und Geist sind nicht voneinander getrennt, sie bilden eine Einheit. Das bedeutet, dass körperliche Gesundheit eine Basis ist für geistige Gesundheit. Anders ausgedrückt: Ein Geist kann nur dann gesund sein und sein volles Potenzial ausschöpfen, wenn er in einem gesunden Körper wohnt. Hier ist es also wichtig, dass du damit beginnst, die richtigen Rahmenbedingungen zu schaffen.

Tu also aktiv etwas für dein Wohlbefinden und deinen Körper. Das fängt bei einer gesunden und ausgewogenen Ernährung an.

Natürlich ist es einfacher, sich zwischen zwei wichtigen Meetings einen leckeren Schokoriegel zu gönnen, förderlich für deine Gesundheit ist das aber nicht. Ein kurzer Energieschub – mehr ist es nicht, was du damit erreichst. Fertigessen ist schnell gekauft, zubereitet und verspeist. In einer Gesellschaft, in der alles schnell gehen muss, spart das vielleicht Zeit, aber gut für die Gesundheit ist das oft nicht.

Fertiggerichte und Fast Food sind in der Regel nicht so nahrhaft wie frisch zubereitetes Essen: Müdigkeit, Übergewicht, Herz-Kreislaufprobleme – all das können die Auswirkungen sein. Eine ausgewogene Ernährungsweise sättigt dagegen nicht nur länger, sondern sorgt auch dafür, dass du mehr Energie hast. Dadurch fühlst du dich vitaler und fitter, deine körperliche und geistige Gesundheit verbessert sich und Aufgaben fallen dir deutlich leichter.

Tool #46
Gut schlafen

Die meisten kennen es: Die Nacht war viel zu kurz, wir haben nicht ausreichend Schlaf bekommen, fühlen uns am nächsten Morgen wie gerädert und hangeln uns durch den Tag. Einmal in dieser Negativspirale verfangen, ist es schwierig, da wieder rauszukommen.

Guter Schlaf ist wichtig für unsere mentale und körperliche Gesundheit und somit auch für unsere Resilienz.

Achte also darauf, dass du einen gesunden Schlaf hast. Schlafe nicht zu wenig, aber auch nicht zu viel, auch das ist nicht förderlich. Sorge für eine gute Schlafhygiene, in dem du vermeidest, im Schlafzimmer fernzusehen, Arbeiten zu erledigen oder stundenlang am Laptop oder am Handy zu surfen. Bereite dich vielmehr mental auf deine Schlafenszeit vor: Versuche, dich schon mindestens eine halbe Stunde vorher zu entspannen. Hilfreich dabei kann ein gutes Buch sein, eine Meditation oder etwas ähnlich Ruhiges. Du kannst eine solche Tätigkeit auch zum Ritual machen, das somit die Müdigkeit einläutet. Wichtig ist, dass du deinem Schlaf seine eigene Zeit gibst und diese nicht zugunsten anderer Dinge verschiebst.

Tool #47

Meditieren

Bei der Meditation wird, je nach Mediationsform, der Fokus auf innere oder äußere Reize gelenkt und alles andere ausgeblendet. Die Fokussierung hilft, Achtsamkeit im Hier und Jetzt zu trainieren.

Meditiere, indem du dich auf dein Inneres konzentrierst und alle Körperempfindungen, die aufscheinen, wachsam wahrnimmst. So lernst du, achtsam mit dir selbst zu sein.

Du betrachtest das große Ganze, aber auch die einzelnen Zahnräder und Stellschrauben, die dazu beitragen, deinen Körper mit deinem Geist in Einklang zu bringen. Es gibt dazu zahlreiche Übungen, die du ausprobieren kannst, denn wichtig ist natürlich auch, dass du dich dabei wohlfühlst.

Die One-Minute-Meditation lässt sich beispielsweise sehr einfach in den Alltag integrieren: Du brauchst nur eine Minute Zeit und den Fokus auf dich selbst. Nimm eine angenehme Sitzposition ein, entspann dich und schließe die Augen. Dann atme eine Minute lang ruhig und gleichmäßig ein und aus. Konzentriere dich auf dich und deinen Körper. Was spürst du? Was riechst du? Welche Bewegungen macht dein Bauch? Du wirst merken, dass du ruhiger wirst und dich allmählich entspannst.

Viele Städte und Gemeinden bieten Kurse an. Gerade zum Anfangen kann das eine gute Möglichkeit sein. Im Kurs wirst du angeleitet und deine Fragen werden beantwortet. Und du bist in einer Gruppe, in der sich die Mitglieder motivieren und unterstützen. So tust du nicht nur etwas, um achtsamer zu werden, sondern pflegst gleichzeitig soziale Kontakte, was, wie wir bereits wissen, wichtig ist, um deine Resilienz zu stärken.

Tool #48
Die Augen entspannen

Heut gibt es kaum noch jemanden, der nicht täglich auf einen Bildschirm starrt und seine Augen anstrengt. Das künstliche Licht und das ständige Blicken in kurze Entfernung nehmen die Augen so stark in Mitleidenschaft, dass Kopfschmerzen, Konzentrationsstörungen und andere Symptome die Folge sein können. Eine Augenentspannungsübung hilft, dass sich die Augen vom Stress erholen können. Da es gleichzeitig die Achtsamkeit fördert, kannst du dabei abschalten und auf Neuanfang schalten. Ein kurzer Moment der Achtsamkeit, der dafür sorgt, dass deine Batterien wieder aufgefüllt werden.

Die Augenentspannung ist eine einfache Übung, die sich sehr leicht in den Tagesablauf integrieren lässt. Alles, was du brauchst, ist eine Minute Zeit.

Setze dich entspannt hin, schließe die Augen und leg deine Hände leicht gewölbt über die Augen. Es soll so dunkel wie möglich sein und die Hände sollen keinen Druck auf die Augen üben. Wahrscheinlich nimmst du nun Lichtblitze wahr. Bleib in der Position, bis diese weniger werden. Meistens dauert das etwa dreißig Sekunden. Wenn du ausreichend Zeit hast, kannst du so bleiben, bis du ein einheitliches Schwarz vor Augen hast. Anschließend öffne entspannt deine Augen.

Tool #49
Tief durchatmen!

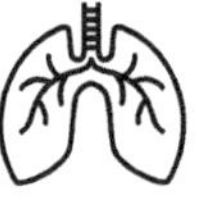

Sofern wir nicht gerade daran denken, läuft unsere Atmung mehr oder weniger automatisch ab. Unser Körper weiß, dass ohne die Atmung ein Leben nicht möglich ist, und setzt alles daran, dass wir regelmäßig Luft holen und wieder ausstoßen. Unsere Atmung ist dabei anpassungsfähig: Während wir im entspannten Moment ruhig und gleichmäßig atmen, wird sie unter Stress oft unregelmäßig und flach. Unser Körper vermittelt uns:

„Wir sind in Gefahr!" und versetzt alles in Alarmbereitschaft. Puls und Blutdruck steigen, der Sauerstoffgehalt im Körper nimmt ab. Auf lange Sicht können so gesundheitliche Probleme auftreten und wir sind noch gestresster.

Durch tiefes Ein- und Ausatmen kann es uns gelingen, aus dem Stress herauszutreten und zur Ruhe zu kommen. So können wir wieder klarer denken und unsere Aktivität fortsetzen.

Mini-Übung: Konzentriere dich aktiv auf deine Atmung. Wenn du willst, kannst du dabei deine Augen schließen. Atme jetzt eine Minute lang tief ein und wieder aus. Nach ein paar tiefen und ruhigen Atemzügen geht dein Gehirn wieder in den Normalmodus über und signalisiert deinem Körper, dass keine Gefahr im Verzug ist. Dein Puls und auch dein Blutdruck normalisieren sich, der Sauerstoffgehalt passt sich wieder deinen Bedürfnissen an und du fühlst dich weniger gestresst.

Tool #50

Zehn Minuten nur für dich – jeden Tag!

Im stressigen Alltag sind wir für jede Pause dankbar. Manchmal missachten wir aber auch die Warnsignale unseres Körpers und verschieben unsere Pausen nach hinten oder lassen sie gar ganz ausfallen. Damit ist nun Schluss.

Nimm dir von nun an jeden Tag zehn Minuten lang eine Auszeit. Zehn Minuten, die ganz dir gehören und die du eisern einhältst.

Das sind zehn Minuten, in denen du nichts Bestimmtes tust, du bist nur achtsam in deinem Sein im Hier und Jetzt. Dafür kannst du dich z.B. auf dem Sessel zurücklehnen und die Augen schließen oder gemütlich spazieren gehen. In diesen zehn Minuten bist du ganz mit dir allein, das bedeutet, du liest kein Buch, du guckst nicht fern und holst nicht dein Handy heraus.

Zehn Minuten klingen dabei erst einmal machbar, oder? Du könntest feststellen, wie fixiert du schon auf Ablenkung bist und wie schwer es dir fällt, einfach zu sein. Konzentriere dich in diesem Moment auf deine Umgebung. Sei achtsam und beobachte genau, was um dich herum geschieht. Konzentriere dich auf das Rauschen des Windes in den Blättern der Bäume. Fokussiere dich darauf, wie sich der Boden unter deinen Füßen anfühlt und lenke deine Aufmerksamkeit gezielt um. Was riechst du, schmeckst du, fühlst du? Nutze all deine Sinne. Diese zehn Minuten gehören nur dir und niemandem sonst. Zehn Minuten – mehr braucht es nicht.

Du wirst feststellen, wie gut eine solche Auszeit tut und wie viel produktiver du danach bist.

Tool #51

Sich erinnern, achtsam zu sein

Oft vergessen wir im Trubel des Alltags, ausgerechnet auf uns selbst zu achten. Was kann hier helfen? Ähnlich wie ein Glas Wasser in jeder Ecke deiner Wohnung dich daran erinnern kann, ausreichend zu trinken, können kleine Haftnotizen dich daran erinnern, auf dich selbst zu achten.

Nimm dir ein paar Notizblätter und schreibe Sprüche oder Anregungen darauf nieder, die dich daran erinnern, achtsam zu sein und für dich zu sorgen.

Beispiele dafür können sein:

- Brauchst du eine Pause?
- Heute schon auf dich geachtet?
- Gerade im Stress?
- Was macht das Leben?
- Na, schon am Limit?

Diese kleinen Hinweise führen dazu, dass du dich daran erinnerst, stärker auf dich zu achten und in dich hineinzuhorchen.

09 | Selbstliebe empfinden

Du bist der wichtigste Mensch in deinem Leben.

„Du selbst, genauso wie jeder andere im ganzen Universum, verdienst deine Liebe und Zuneigung.“

Siddhartha Gautama (563 v. Chr. – 483 v. Chr.)

Selbstliebe bedeutet, sich selbst anzunehmen, wie man ist. Es bedeutet, nicht nur die guten Seiten des eigenen Selbst zu lieben, sondern auch zu wissen, dass schlechte Seiten ebenso dazugehören und uns zu dem Menschen machen, der wir sind. Selbstliebe bedeutet, dass wir erkennen, dass wir es wert sind, geliebt zu werden.

Wenn ich von Liebe spreche, meine ich die echte Liebe, eine, die nicht an Bedingungen gebunden ist. Ich höre nicht auf, mich zu lieben, wenn ich z.B. einen Fehler gemacht habe. Nur wer in der Lage ist, sich selbst zu lieben, kann auch andere Menschen lieben. Und wer sich selbst liebt, wird auch leichter von anderen geliebt und kann leichter die Liebe des anderen annehmen. Und wer sich selbst so viel Liebe und damit Anerkennung schenkt, stärkt sich damit und ist so gut gerüstet für Herausforderungen im Leben.

Manche von uns wissen genau, was sie in ihrem Leben wollen. Dieses Wissen nutzen wir aber nicht immer optimal. Häufig machen wir unser Glück von anderen Menschen abhängig: beispielsweise dem Partner oder der Partnerin oder unserer Familie. Hier liegt der Fehler: Selbstliebe beginnt damit, die eigenen Bedürfnisse zu erkennen und umzusetzen, unabhängig von dem, was andere Menschen dazu beizutragen haben. So stärkt Selbstliebe auch unsere Resilienz.

Tool #52
Grenzen setzen und respektieren

Der erste Schritt in Richtung Selbstliebe ist dann getan, wenn du dir deiner Grenzen bewusst wirst.

Tust du das, was du gerade tust, wirklich weil du es möchtest oder nur aus Gefälligkeit für einen anderen?

Wenn du dir darüber im Klaren bist, dass du Dinge aus Gefälligkeit tust, weißt du bereits, was dir nicht guttut. Und trotzdem tust du es. Das hat nur wenig mit der Liebe zu dir selbst zu tun. Die Frage, die du dir stellen solltest, lautet: „Was bringt es mir, wenn ich meine Grenzen verletze?"

Hast du einen Nutzen davon? Tut dir diese Grenzüberschreitung auf lange Sicht gut? Oder raubt sie dir nicht unnötig Kraft und Energie?

Wenn du dir diese Frage regelmäßig stellst, wirst du schnell feststellen, wo deine wirklichen Grenzen sind und wo ein klares Nein besser für dich ist.

Tool #53
Schluss mit der Selbstsabotage

Selbstkritisch zu sein ist grundsätzlich nichts Schlechtes. Es schützt uns davor, uns selbst zu überschätzen und falsche Entscheidungen zu treffen. Manchmal artet diese Selbstkritik aber so weit aus, dass wir dabei sind, uns selbst zu sabotieren. Das schwächt unsere Resilienz. In solchen Momenten sprechen wir mit uns selbst so, wie wir es mit anderen Menschen niemals wagen würden. Wir sind uns gegenüber hart, kalt, unbarmherzig.

Wenn du merkst, dass du stark mit dir ins Gericht gehst, hinterfrage deine Gedanken.

Frage dich:

- Wie spreche ich gerade mit mir selbst?
- Würde ich so auch mit anderen Menschen sprechen oder wäre ich vielleicht verständnisvoller?
- Wie denke ich gerade über mich?
- Was kann ich daraus für mich ableiten? Wie denke ich allgemein über mich?
- Wie reagiere ich auf mich selbst, wenn mir ein Fehler unterläuft?

Im Alltag kann es manchmal schwierig sein, diese Beobachtungen anzustellen. Du bist beschäftigt und vergisst es im Eifer des Gefechts. Erinnere dich also jeden Tag daran, dein Verhalten dir gegenüber zu reflektieren. Du kannst dir eine regelmäßige Erinnerung in deinem Handy speichern oder eine Notiz an den Kühlschrank heften, die dich daran erinnert, dich selbst zu reflektieren. So lernst du, Verständnis für dich aufzubringen, dich nicht selbst zu sabotieren und dir selbst mehr Liebe entgegenzubringen. Mit der Zeit entwickelst du eine Routine dafür und musst dich nicht mehr daran erinnern, sondern reflektierst dich ganz automatisch.

Tool #54

Betrachte dich wie einen geliebten Menschen

Sollte es dir schwerfallen, das vorangegangene Tool umzusetzen, kann dir diese Übung vielleicht weiterhelfen. Stell dir dafür folgende Situation vor: Ein geliebter Mensch aus deinem Umfeld erzählt über sich selbst. Er ist dabei sehr kritisch, sehr hart und stellt sich selbst als Versager dar. Wie reagierst du? Es ist sicherlich hart, jemanden so über sich selbst reden zu hören; wenn es dann auch noch ein geliebter Mensch ist, kann es sogar richtig schmerzen.

Überlege dir, was du einem geliebten Menschen sagen würdest.

Vielleicht sind es Sätze wie:

- Sei nicht so hart zu dir selbst.
- Wir alle machen Fehler, das macht uns als Menschen aus.
- Du hast so viele großartige Eigenschaften, fokussiere dich nicht nur auf das Schlechte.
- Du bist ein wertvoller Mensch und eine Bereicherung für mein Leben.

Diese Liste lässt sich beliebig lang weiterführen, und all das sind

Sätze, die wir in schwachen Momenten von geliebten Menschen für sie bereit haben. Warum also hast du diese Sätze nicht auch für dich selbst? Betrachte sie als eine Art Mantra, das du dir immer und immer wieder aufsagst. So bewegst du dein Gehirn dazu, die Denkweise über dich selbst umzuprogrammieren. Dir wird es leichter fallen, nachsichtig zu dir zu sein und dich selbst zu lieben.

Tool #55
Liebe dich bedingungslos

Denke einmal an einen Menschen, den du wirklich sehr liebst. Nimm den ersten Menschen, der dir gerade einfällt. Das kann dein Partner oder deine Partnerin sein, dein Kind, ein Elternteil, dein Bruder, deine Schwester, der beste Freund oder die beste Freundin, etc. Nun betrachte deine Gefühle dieser Person gegenüber. Was spürst du?

Anhand von Beispielfragen sollen mögliche Gefühle dem anderen Menschen gegenüber verdeutlichet werden:

Du liebst deinen Vater, obwohl er ganz andere Ansichten hat als du? Du liebst deine Mutter, auch wenn sie dir immer wieder damit auf den Geist geht, dass du deinen Haushalt besser führen solltest? Du liebst deinen Bruder, obwohl er für alles die sprichwörtliche Extrawurst braucht? Oder: Deine Schwester bittet dich um einen Rat und macht immer das komplette Gegenteil von dem, was du empfiehlst? Du liebst sie trotzdem. Dein bester Freund ist ein Sturkopf? Du liebst ihn trotzdem. Deine beste Freundin kommt immer und überall zu spät? Du liebst sie trotzdem.

Siehst du schon, worauf es hinausläuft? Die meisten Menschen in deinem Umfeld sind vermutlich nicht perfekt. Einige haben Marotten, die dir tierisch auf den Nerv gehen. Du liebst sie aber trotzdem. Du stellst an sie nicht die Bedingung, sich zu ändern, damit sie sich deine Liebe verdienen. Du liebst sie auch nicht mehr oder weniger, weil sie so sind, wie sie sind. Du liebst sie einfach. Wie sieht es aber mit dir selbst aus? Hier ist es schwieriger, oder?

Du hast Marotten, die dich sicherlich nicht immer erfreuen, diese schmälern aber nicht deine Liebenswürdigkeit.

Versuche also, die Perspektive zu wechseln und dich von außen zu betrachten. So fällt es dir vielleicht leichter, einen neutralen Blick auf dich zu werfen und die vielen großartigen und liebenswerten Eigenschaften zu erkennen, die dich so einzigartig machen.

Tool #56
Sei in dich selbst verliebt

Wenn wir uns in einen anderen Menschen verlieben, erstrahlen vor allem seine guten Seiten für uns. Wir sehen alles mit dem Blick der Liebe und ignorieren die weniger guten Seiten. Wir sehen den anderen also mit der rosaroten Brille. Warum sollten wir nicht auch immer wieder einmal uns selbst so sehen?

Natürlich beginnen wir mit der Zeit, den anderen realistischer zu betrachten, d.h. auch seine negativen Seiten zu erkennen. Wenn aus dem Verliebtsein Liebe wird, sind diese negativen Seiten oft kein großes Problem mehr, wie wir im vorigen Tool gesehen haben.

Doch ist auch der frische, rosarote Blick auf den anderen wichtig, den wir immer wieder hervorholen könnten. Und eben auch für uns selbst.

Es ist an der Zeit, dass du dich selbst in dich verliebst.

Überlege also:

- In welchen Momenten gefalle ich mir selbst besonders gut?
- Was macht mich besonders stolz an mir?
- Welche Eigenschaften an mir finde ich bewundernswert?

- Welche Eigenschaften von mir sollten viel mehr Menschen besitzen?
- Durch welche meiner Eigenschaften mache ich die Welt zu einem besseren Ort?

Zu Beginn kann es schwierig sein, diese Fragen zu beantworten, und vielleicht fallen dir am Anfang auch nur Kleinigkeiten ein. Diese sind aber ein wirklich guter Start, und je mehr du dich auf diese Materie einlässt, desto leichter wird es dir fallen, die großartigen Seiten an dir zu entdecken und zu lieben. Du wirst einen wahren Aha-Moment erleben, wenn du dich und deine Momente reflektierst und die Situationen, in denen du dich selbst großartig findest. Wenn du dir diese Momente regelmäßig vor Augen führst, stellt sich die Selbstliebe automatisch ein.

Tool #57
Den Blickwinkel eines kleinen Kindes einnehmen

Kleine Kinder sind etwas Wundervolles. Sie bewerten nicht, sondern leben einfach. Sie tun das, wonach ihnen der Kopf steht, und schränken sich nicht selbst durch irgendwelche Glaubenssätze ein. Sie denken noch nicht so wie Erwachsene. Sie leben im Moment und sehen in jeder noch so kleinen Kleinigkeit die Chance für etwas ganz Großes. Sie gehen mit offenen Augen durch das Leben und entdecken immer wieder etwas, das sie fasziniert und begeistert. Sie sind mit sich selbst im Einklang und halten sich nicht daran auf, was an ihnen gut oder schlecht sei. Sie nehmen sich genau so, wie sie sind – und dann werden sie erwachsen.

Denke an glückliche Erinnerungen aus deiner Kindheit zurück, in denen du mit dir und der Welt vollkommen im Reinen warst.

Was für Momente waren das? Vielleicht hast du alte Fotos von dir, die du betrachten kannst. So kannst du dich in die Gefühle von damals hinein fühlen. Vergleiche sie mit heute. Warum bist du nicht mehr so unbekümmert, unvoreingenommen, im Einklang mit dir selbst?

Was kannst du tun, um wieder so zu werden? Dieses Tool ist nicht einfach, denn es erfordert eine Auseinandersetzung mit der eigenen Denkweise und den eigenen Gefühlen. Wenn du merkst, dass du traurig wirst oder es dir gerade nicht guttut, dich damit auseinanderzusetzen, lege die Bilder weg und probiere es an einem anderen Tag noch einmal.

Wenn du diese Gedanken nach und nach zulässt, wirst du Parallelen zwischen deiner Kindheit und deinem heutigen Leben ziehen können. Es wird lehrreich für dich sein, zu erkennen, dass es eine Zeit gab, in der deine Gedanken dir gegenüber nicht kritisch waren. Und genau daraus kannst du deine Kraft ziehen, um dich selbst zu lieben und damit deine Resilienz zu stärken.

Tool #58

Eigenlob als Antrieb für die Liebe zu dir selbst

„Eigenlob stinkt!“ Du kennst diesen Ausspruch, oder? Dabei stimmt das gar nicht immer. Eigenlob, in der richtigen Dosierung eingesetzt, kann dir dabei helfen, die Liebe zu dir selbst zu entdecken. Beginne also damit, dich regelmäßig zu loben. Du hast heute die Treppe benutzt, statt den Aufzug zu nehmen? Großartig, wie du deinen inneren Schweinehund besiegst. Du hast heute eine Aufgabe auf der Arbeit erledigt, die du eigentlich gar nicht gerne bearbeitest? Super, wie gewissenhaft du auch unangenehme Dinge erledigst. Beispiele dieser Art gibt es genug. Sie alle sollen dir dabei helfen, eine andere Sichtweise auf dich und dein Leben zu bekommen. Manchmal hilft es auch, wenn du nicht nur deine Taten lobst, sondern auch dich selbst anerkennst. Schau in den Spiegel. Du hast schöne Augen! Sie strahlen so viel Ehrgeiz oder Mut oder Kraft oder Güte aus. Und dein Lächeln! Es ist so ansteckend, dass du andere dazu bewegen kannst, mit dir zu lachen – auch an grauen Tagen.

Suche für dich also immer wieder Gründe, um dich selbst zu loben und anzuerkennen. Auch Kleinigkeiten sind wichtig und sollten hervorgehoben werden.

An Tagen, an denen es dir schwerfällt, dich selbst zu lieben, kann Eigenlob dich wieder aufbauen und dir signalisieren, was für ein wertvoller Mensch du bist.

Mit der Zeit beginnst du, stärker an dich selbst zu glauben und dich zu lieben, sodass schwierige Situationen dich nicht mehr so leicht aus der Bahn werfen können.

10 | Pragmatismus üben

Pragmatisch, praktisch, gut.

„Bevor du lange grübelst, ob dein Glas gerade halbleer oder halbvoll ist: Trink aus der Flasche!"

*Karl-Heinz Karius (*1935)*

Den Begriff „Pragmatismus" haben wir schon oft gehört, aber nicht viele können wirklich etwas damit anfangen. Dabei ist Pragmatismus etwas, das dich auf deinem Weg zu mehr Resilienz einen großen Schritt weiterbringen kann.

Pragmatische Menschen stellen vor allem das Handeln in den Vordergrund. Während andere oft noch mit Überlegungen beschäftigt sind, über vorhandene Lösungsvorschläge nachdenken und eine Taktik entwickeln, machen sie sich direkt ans Werk. Sie machen einfach, sie lassen Taten sprechen. Pragmatisch veranlagte Menschen halten sich nicht starr an Theorien, sondern tun das, was gerade anliegt. Eine Aufgabe, die erledigt werden muss, wird sofort angegangen.

Das Ergebnis hat dabei oberste Priorität. Pragmatisch denkende Menschen verabscheuen daher oft strenge und starre

Vorgaben auf ihrem Weg zum Ziel. Sie nehmen den Weg, der sie direkt dort hinführt, nicht den, der irgendwo als die Generallösung vorgeschrieben ist. Gerade im Arbeitsleben hat also eine pragmatische Denkweise manchmal große Vorteile, denn erteilte Aufgaben werden schön nacheinander bearbeitet. Pragmatische Menschen gelten oft als effizient und sind gern gesehen, wenn es darum geht, Lösungen zu finden, die ein schnelles und gutes Ergebnis hervorbringen. Dadurch, dass sie die Lösung auf ihre Art und Weise erreichen, sehen sie sich in ihrem Handeln bestätigt: Der Erfolg gibt ihnen Recht. Pragmatisch denkende Menschen haben daher oft eine stark ausgeprägte Resilienz, da ihr Handeln sie erfolgreich macht und sie in ihrem Standing sich selbst gegenüber ermutigt und bestätigt.

Tool #59

Mehr Pragmatismus – weniger Grübeln

Wenn pragmatische Menschen vor einem Problem stehen, denken sie nicht lange nach, sondern handeln. Manche von ihnen machen sich auch keine Gedanken über moralische Fragen und lassen sich nicht von Gefühlen leiten. Deshalb können sie auf andere trocken und emotionslos wirken, was sie nicht unbedingt sein müssen.

Pragmatische Menschen stellen das Handeln in den Mittelpunkt und denken praktisch und lösungsorientiert. Sie fragen sich: Was ist das Ziel? Wie erreiche ich es bestmöglich?

Das sind die wichtigsten Fragen, die eine pragmatische Person sich in der Regel stellt. Sie blendet viel Drumherum aus. Dass sich auf dem Weg zum Ziel andere Schwierigkeiten ergeben könnten, darum kümmert sie sich erst einmal nicht, sie tut dies erst, wenn sie eintreten. Damit spart sie nicht nur Zeit, sondern vor allem Nerven. Ängste und Zweifel hat sie dabei kaum. Während um sie herum also gegrübelt und geplant wird, ist sie schon auf halbem Weg zum Ziel und mit den ihr aufgetragenen Aufgaben fertig.

Betrachte also einmal dich selbst, wenn es darum geht, Aufgaben zu erfüllen. Du bekommst ein Ziel und stellst unzählige Überlegungen an. In deinem Kopf tut sich ein Labyrinth auf. Es gibt zahlreiche Wege dorthin, doch manche sind verworren und langwierig, andere wirken vielversprechend und führen doch ins Nichts. Statt dich zu fragen, wie du schnellstmöglich dein Ziel erreichst, schwirren andere Dinge in deinem Kopf herum:

- Wenn ich den Weg A gehe, könnte Y passieren. Das möchte ich nicht.
- Der Weg B würde wahrscheinlich wiederum den Nachteil Z haben.
- Der Weg C erscheint mir unrealistisch. Sollte ich es trotzdem versuchen?

Du denkst also viel zu viel nach. Natürlich muss man sich Gedanken darüber machen, wie man ein Problem am besten angeht. Die Gedanken sollen aber nicht überhandnehmen. Also: Wenn du bemerkst, dass du über eine Sache zu lange brütest, erinnere dich an die Pragmatiker und schreite zur Handlung.

Tool #60
Realistisch abwägen

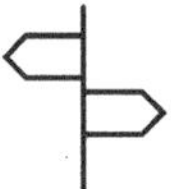

Wenn du an das Kapitel des realistischen Optimismus zurückdenkst, bist du mit der pragmatischen Lebenseinstellung nicht allzu weit davon entfernt. Pragmatismus bedeutet nämlich, sich seiner Ziele bewusst zu sein und abzuwägen: Welches Ziel ist realistisch? Welches Ziel kann ich tatsächlich wie geplant erreichen und bei welchem Ziel tut es vielleicht auch ein Kompromiss oder hilft es, wenn ich einen Gang zurückschalte?

Ein Beispiel: Pragmatische Menschen haben auch Ziele, von denen sie träumen. Nehmen wir also einen Menschen, der davon träumt, eines Tages eine Firma zu führen. Obwohl ein pragmatischer Mensch es vielleicht großartig finden würde, ein internationales Unternehmen zu führen, lässt er dafür andere Chancen nicht sausen. Eine leitende Position in einer kleinen Firma, in der die Aufstiegsmöglichkeiten sehr gut sind, erscheint ihm als guter Ersatz für eine Stelle in dem internationalen Unternehmen, in dem er aber erst einmal als einfacher Angestellter arbeiten würde und sich auf dem Weg nach oben gegen andere Mitstreiter durchsetzen müsste.

Menschen, die weniger pragmatisch denken, setzen sich dagegen oft ihr Ziel in den Kopf und wollen sich durch nichts und niemanden beirren lassen. Sie tun manchmal schlichtweg alles dafür, um ihren Traum zu erfüllen, verkalkulieren sich dabei aber oft. In dem genannten Beispiel wäre der Job in dem internationalen Unternehmen die einzige Option, obwohl der andere Job eventuell mehr Chancen bieten würde und auf Dauer dem eigentlichen Ziel deutlich näherkäme. Der Hintergedanke, einen

Fuß in der Tür zu haben, vernebelt hier die Sicht auf die anderen Optionen. Was bedeutet das nun für dich? Im Grunde soll dir dieses Beispiel veranschaulichen, wie du mit deinen Wünschen und Zielen im Hinblick auf deine eigenen Erwartungen umgehen sollst.

Setze dir Ziele, aber versuche, die eine pragmatische Denkweise anzueignen. Mache dir Gedanken darüber, welche Ziele du wie erreichen möchtest und welche Ziele vielleicht eher zu erreichen sind, wenn du deine Erwartungen ein wenig herunterschraubst.

So gelangst du zu mehr und größeren Erfolgen und stärkst schlussendlich deine Resilienz.

Tool #61
Den Soll- und Ist-Zustand betrachten

Stell dir vor, du musst eine wichtige Präsentation halten. Wenn du erfolgreich bist und deine Zuhörer überzeugen kannst, winkt dir eine großartige Karrierechance. Diese möchtest du natürlich nutzen und bereitest dich vor. Du recherchierst, informierst dich, notierst das Wichtigste. Du probst vor dem Spiegel, um deine Haltung und dein Auftreten zu optimieren, und holst dir den Rat von Freunden. Je näher der Tag der Präsentation rückt, desto nervöser wirst du. Was kannst du jetzt noch tun, um so erfolgreich wie möglich abzuschließen? Am Abend vor der Präsentation liest du noch ein Buch zum Thema quer und gehst alle deine Aufzeichnungen durch. Deine Nervosität bessert sich dadurch nicht und besser vorbereitet bist du auch nicht.

Ein pragmatisch denkender Mensch verbringt den Abend vor dem Vortrag anders. Im Kopf geht er folgende Punkte durch:

- Welche Vorbereitungen habe ich bereits getroffen?
- Gibt es Vorbereitungen, die jetzt noch etwas zur Verbesserung meiner Leistung beitragen können?
- Könnte ein Abend, der nur meiner eigenen Entspannung dient, einen größeren Nutzen haben, als jetzt noch Vorbereitungen anzustellen?

Halte dir vor Augen, wie der Ist-Zustand ist und welchen Soll-Zustand du erreichen möchtest. Frage dich, was du bereits getan hast und was du noch tun könntest, um näher an den Soll-Zustand heranzukommen. Übertreibe es aber nicht mit der Optimierung, denn damit verzettelst du dich und verschwendest Zeit.

Natürlich könntest du in dem oben genannten Beispiel noch ein Fachbuch zu seinem Präsentationsthema lesen, aber wie sinnvoll wäre das am Abend zuvor? Versuche also, dir bei den Aufgaben, die zu bewältigen sind, vor Augen zu halten, was für ein Nutzen für dich dabei herauskommt. Verschwende deine Energie nicht an Dinge, die gut gemeint sind, aber keinen größeren Effekt, vielleicht sogar einen Nachteil für dich hervorbringen.

Tool #62
Sich selbst vertrauen

Bei der Bearbeitung von Aufgaben verlassen sich pragmatische Menschen vor allem auf einen Menschen: sich selbst. Das bedeutet nicht, dass sie keine Hilfe von anderen annehmen, wie wir im Kapitel „soziales Netzwerk" gelernt haben. Sondern, dass sie wissen, dass letztlich sie es sind, welche die Arbeit erledigen müssen, sie die Verantwortung dafür tragen.

Sie sehen eine Aufgabe, kennen das Ziel und schlagen den Weg ein, von dem sie erwarten, dass er sie zum Erfolg bringen wird. Ihr Selbstvertrauen ziehen sie dabei aus vorherigen Erfolgserlebnissen, in denen sich ihr Urteilsvermögen als das richtige herausgestellt hat.

Einen solchen Erfahrungsschatz verdienst du dir nicht von heute auf morgen. Es erfordert Geduld und viele Erfolge, aber auch Rückschläge. Gerade dann, wenn du dir und deinem eigenen Urteil nicht so recht trauen möchtest und Schwierigkeiten hast, selbstbewusst durch dein Leben zu schreiten, kann das am Anfang sehr schwer für dich sein.

Beginne damit, auf dein Urteilsvermögen zu vertrauen.

In welchen Situationen hast du schon Erfolg damit gehabt, eine Aufgabe auf deine Art und Weise zu lösen? Wie hat sich dieser

Erfolg angefühlt? Was kannst du aus dem Verlauf dieser Situation für nachfolgende Situationen mitnehmen? Nimm dir diese Situationen als Beispiel und wende sie auch nachfolgend an. Mit der Zeit kannst du mutiger werden und auch für größere Aufgaben auf dich und deinen Erfahrungsschatz zurückgreifen. Das Gute daran ist: Mit der Zeit wirst du immer selbstbewusster und traust deinem Urteilsvermögen immer mehr zu. Es wird dein Kompass auf dem Weg zu einer stark ausgeprägten Resilienz.

Tool #63
Verschiedene Methoden ausprobieren

Pragmatische Menschen lehnen normalerweise starre Theorien ab und bevorzugen es, neue Lösungsansätze auszuprobieren. Da ist es nicht verwunderlich, dass sie viele unterschiedliche Methoden kennen, die das Leben auf irgendeine Weise verbessern oder vereinfachen können: Sie halten sich nicht unnötig auf und verbannen zeitraubende und kraftzehrende Unternehmungen so gut wie möglich aus ihrem Leben. Sie widmen sich schlicht dem, was sie weiterbringt. Haben sie eine Methode für sich entdeckt, nutzen sie diese so lange, bis sie eine andere, noch effizientere finden.

Pragmatische Menschen bleiben flexibel in ihren Möglichkeiten und verlassen sich nicht auf einen einzigen Weg.

Nimm dir also die Zeit und recherchiere, welche Möglichkeiten es gibt, dein Leben einfacher zu gestalten. Denke dabei vielseitig, z.B. an dein Selbstmanagement, die Zeitfresser in deinem Leben und Methoden zur Entspannung, die du einsetzt oder einsetzen könntest. Frage dich dabei immer:

- Was sind Dinge, die mir nur unnötig Kraft und Zeit rauben?
- Was belastet mich mehr, als dass es hilfreich für mich ist?
- Welche Methoden gibt es, damit ich mein Ziel schnellst- und bestmöglich erreiche?

Die Antworten auf solche Fragen zwingen dich dazu, dein eigenes Handeln zu hinterfragen. Je ehrlicher du zu dir bist, desto häufiger fällt dir auf, wo du dir selbst Steine in den Weg legst. Setze an diesen Punkten an und verlasse den Weg, den du bisher für den besten gehalten hast. Probiere Neues aus und lass dich nicht entmutigen, wenn es nicht auf Anhieb so funktioniert, wie du es dir wünschst. In diesem Fall hast du noch nicht den richtigen Weg für dich gefunden.

Tool #64

Ablenkungen minimieren

Bei der Erledigung von Aufgaben gibt es unzählige Faktoren, die dich ablenken können. Pragmatisch denkende Menschen versuchen, diese Ablenkungen möglichst zu vermeiden. Sie gucken nicht so oft auf ihr Handy, sie lassen sich nicht von Gesprächen ablenken – ihr gesamter Fokus liegt auf der Erledigung der Aufgabe.

In einer Zeit, in der wir umgeben sind von Ablenkungen auf Knopfdruck, ist es natürlich nicht immer einfach, solchen Versuchungen zu widerstehen.

Halte dir immer vor Augen, dass du dein Ziel schneller erreichst, wenn du dich vollkommen auf deine Aufgabe konzentrierst.

Kleinigkeiten können dabei schon Großes bewirken:

- Schalte dein Handy auf stumm, um dich nicht von Nachrichten ablenken zu lassen.
- Falls nötig: Lege dein Handy außer Sichtweite, sodass du in schwachen Momenten nicht in Versuchung kommst, es zu benutzen.

- Lass dich auch von nichts anderem ablenken, sondern schaffe dir eine Umgebung, in der es dir leichtfällt, dich auf dein Ziel zu konzentrieren.
- Schaffe dir eigene Zeitslots, indem du deine Zeit fest einteilst, z.B. 60 Minuten arbeiten und 15 Minuten Pause im Wechsel.

Es kann Übung erfordern, sich strikt an solche Vorgaben zu halten, immerhin sind wir den schnellen Blick auf unser Handy gewohnt. Lässt du dich aber darauf ein, wird es dir nach und nach leichter fallen, dich vollkommen auf deine Aufgaben zu konzentrieren. Diese Fähigkeit, sich auf deine eigentlichen Aufgaben zu fokussieren, kannst du mit der Zeit auch ausbauen, z.B. medienfreie Nachmittage zu Hause.

Tool #65
Einfach machen – nicht aufschieben

Pragmatische Menschen halten sich nicht mit langem Gerede und Grübeleien auf. Sie machen einfach. Sie bekommen eine Aufgabe und sind schon auf dem halben Weg zur Lösung, noch bevor manch anderer damit überhaupt begonnen hat. Prokrastination, also das immer wieder auftretende Verschieben von Aufgaben, kennen sie nicht. Sie verlieren sich nicht in Ausreden, sondern ziehen einfach durch. Dabei machen sie keinen Unterschied, ob ihnen eine Aufgabe Spaß macht oder sie sie als furchtbar eintönig empfinden. Wenn sie eine Aufgabe zu erledigen haben, machen sie sich umgehend ans Werk.

Nimm dir für alle wichtigen Aufgaben vor, dich sofort an die Arbeit zu machen. Suche nicht nach Ausreden, um dich vor der Arbeit zu drücken.

Auch hier wird es dauern, bis du diese Vorgehensweise verinnerlicht hast, denn pragmatisches Denken erlangst du nicht an einem Tag. Erstelle dir also für den Anfang Pläne, nach denen du dich richten kannst. Hier kann eine To-do-Liste mit Zeitangaben helfen. Betrachte diese Pläne oder Listen als verbindlich und orientiere dich an ihnen.

11 | Empathisch sein

Mitgefühl ist der Schlüssel, der die Herzen anderer öffnet.

„Menschen zu finden, die mit uns fühlen und empfinden, ist wohl das schönste Glück auf Erden.“

Carl Spitteler (1845–1924)

Empathie kommt aus dem Griechischen und bedeutet übersetzt in etwa so viel wie „die Fähigkeit, sich in andere Menschen hineinzuversetzen, ihre Gefühle nachzuempfinden“. Empathie ist also Einfühlungsvermögen, Mitgefühl.

Empathische Menschen sehen die Welt nicht nur von ihrem Standpunkt aus, sondern auch aus dem des anderen. Sie sind in der Lage, mehrere Perspektiven einzunehmen. Diese Fähigkeit hat gleich mehrere Vorteile. Erstens hilft ein Rundumblick generell dabei, nicht mehr in der eigenen starren Sichtweise zu verharren und so ein Problem besser lösen zu können. Zweitens können im Fall einer Gruppenentscheidung die Standpunkte aller Beteiligten verstanden und eine hoffentlich für alle zufriedenstellende Lösung gefunden werden. Drittens stärkt die Fähigkeit zur Empathie auch das soziale Netzwerk (siehe Kapitel 5). Empathie hilf dir dabei, deine Resilienz zu stärken, denn wenn du mit deinen Mitmenschen mitfühlst und sie besser verstehst, könnt ihr gemeinsam Konflikte leichter lösen.

Tool #66
Die eigenen Gefühle ergründen

Bevor du dich in andere Menschen hineinversetzen, deren Gefühle nachempfinden kannst, musst du erst deine eigenen Gefühle kennen. Denn wie solltest du die Gefühle anderer verstehen können, wenn du deine eigenen Gefühle nicht einordnen kannst.

Beobachte dich bewusst, wenn du bei dir eine Emotion spürst. Das kann Wut, Trauer, Angst, Freude oder Verzweiflung sein.

Stelle dir dann folgende Fragen:

- Welche Menschen oder Umstände haben dieses Gefühl ausgelöst?
- Wie äußert sich dieses Gefühl? Wie verhalte ich mich, wenn ich dieses Gefühl habe?
- Wie möchte ich von anderen Menschen behandelt werden, wenn ich mich gerade so fühle?

Gerade die Frage nach der Ursache eines Gefühls, positiv wie negativ, ist wichtig. Hier kannst du sehen, ob andere Menschen in ähnlichen Situationen auch so reagieren oder ob es (kleine oder große) Unterschiede gibt. Wenn du dich mit deinen eigenen Emotionen vertraut gemacht hast, kann es dir leichter fallen, von dir auf andere Menschen zu schließen, Unterschiede oder Gemeinsamkeiten festzustellen und dementsprechend zu reagieren.

Tool #67
Andere Menschen beobachten

Wenn du dich mit dir selbst und deinen Gefühlen auseinandergesetzt hast, kannst du damit beginnen, andere Menschen zu beobachten. Wie verhalten sie sich in verschiedenen Situationen? Wie gehen sie mit ihren Gefühlen um, wie interagieren sie in diesen Situationen mit anderen Menschen?

Achte beim Beobachten anderer Menschen vor allem auf Mimik und Körpersprache und nimm dir dafür ausreichend Zeit.

Starte in deinem näheren Umfeld, denn mit Freunden und Familie kannst du über deine Beobachtungen sprechen. Du kannst sie fragen, ob du die Gefühle des anderen in der jeweiligen Situation richtig wahrgenommen hast. Wenn du darin genug Übung hast, kannst du damit beginnen, auch fremde Menschen zu beobachten und ihr Verhalten zu analysieren. So erhältst du die unterschiedlichsten Ergebnisse, denn wie schon gesagt reagiert nicht jeder Mensch gleich. Mit vielen Eindrücken ausgestattet und um einen ordentlichen Erfahrungsschatz reicher, fällt es dir leichter, Gefühle bei anderen Menschen zu erkennen und dich dementsprechend zu verhalten.

Tool #68
Schluss mit Vorurteilen – male neu!

Selbst dann, wenn wir es nicht wollen: Sobald wir auf einen anderen Menschen treffen, arbeiten wir mit Vorurteilen. Wir stecken ihn oft automatisch in eine bestimmte Kategorie. Es gibt viele Stereotypen, so gelten z.B. Frauen als emotionaler als Männer. Und wenn wir einer Frau begegnen, erwarten wir diese Eigenschaft bei ihr. In Wirklichkeit kann diese bestimmte Frau sehr emotionslos sein. Wir sind also voreingenommen und in unserer Fähigkeit zur Differenzierung eingeschränkt.

Kategorisierung von Menschen ist erst einmal etwas ganz Natürliches. Es dient dazu, komplexe Dinge zu vereinfachen, um uns in der Welt besser orientieren zu können. Problematisch wird es, wenn wir dabei jemanden zu negativ oder auch zu positiv bewerten und unsere Wahrnehmung nicht hinterfragen. Vorurteile hindern uns daran, empathisch zu sein.

Versuche, andere Personen ganz unvoreingenommen wahrzunehmen und dich nicht von Stereotypen beeinflussen zu lassen.

Das ist nicht so einfach, denn unterbewusst passiert es immer und immer wieder, dass wir unseren Vorurteilen unterliegen. Wenn du dich dabei ertappst, versuche, diese Vorurteile über Bord zu werfen. Betrachte jeden Menschen als weiße Leinwand, die erst bemalt werden muss mit den Eindrücken, die du über ihn sammelst.

Tool #69

Den Mitmenschen entgegenkommen

Dieses Tool ist mit dem vorherigen Tool eng verknüpft. Stellen wir uns folgendes Szenario vor: Im Büro hat der neue Arbeitskollege aus Versehen die Tasse eines anderen benutzt. Der andere ist völlig außer sich und brüllt ihn an. Der neue Arbeitskollege hat nun zwei Möglichkeiten.

- Option 1: Er stempelt die Person als Choleriker ab. Das ist ein Mensch, der bei der kleinsten Kleinigkeit sofort aus der Haut fährt und einen riesigen Streit vom Zaun bricht. Von so einem Menschen will er sich lieber fernhalten.
- Option 2: Er hinterfragt das Verhalten des anderen Menschen. Die Reaktion war völlig überzogen, aber was könnten die Beweggründe dahinter sein? Vielleicht ist die Tasse ein Geschenk eines geliebten Menschen und er hat Angst, dass sie zerbricht. Vielleicht hat er hier schon mehrere Tassen verloren, weil andere sie benutzt und nicht wieder zurückgestellt haben, und nun ist er es einfach leid, jedes Mal darum zu bitten, seine Tassen nicht mehr zu nutzen.

Mach dir klar, dass das Verhalten deines Mitmenschen viele Gründe haben kann. Verurteile ihn nicht sofort, sondern versuche, ihn zu verstehen. Gehe auf ihn zu und frage ihn, warum er in der Situation X so reagiert hat.

So erlangst du nicht nur Wissen über deine Mitmenschen, sondern zeigst ihnen auch, dass du dich für sie interessierst.

Tool #70
Empathische Freunde als Vorbild nehmen

Wenn du empathischer sein möchtest, orientiere dich an den Menschen in deinem Umfeld, die besonders empathisch sind. Von ihnen kannst du sehr viel lernen. Beobachte sie in den verschiedensten Situationen und versuche zu verstehen, wann sie wie reagieren. Nimm sie als Vorbild, denn sie sind oft Profis darin, auf andere Menschen einzugehen, sie im Konfliktfall zu besänftigen und so schwierige Situationen zu entschärfen. Stelle ihnen, wenn es dir weiterhilft, Fragen zu ihrem Verhalten:

- Welche Worte nutzt du, wenn du in einen Streit gerätst?
- Wie ist deine Tonlage in einer solchen oder einer anderen Situation?

- Welche Perspektive wählst du, wenn du in einem Streitgespräch bist?
- Wie gehst du in verschiedenen Situationen mit verschiedenen Menschen und ihren unterschiedlichen Gefühlen um?

Merke dir die Antworten gut und lass dir Tipps geben, wie du in den verschiedenen Situationen reagieren kannst. So kannst du auf einen Erfahrungsschatz zurückgreifen, der sich bewährt hat.

Tool #71
Verständnis für andere Menschen zeigen

Auch wenn du die Beweggründe anderer Menschen vielleicht nicht zu 100 % nachvollziehen kannst, begegne ihnen mit Verständnis. Mach dir bewusst, dass jeder Mensch sein Päckchen zu tragen hat und du niemals in der Lage sein wirst, einen Menschen komplett zu verstehen. Generell verständnisvoll zu sein, kann dich hier aber weiterbringen.

Indem du einem anderen Menschen Verständnis entgegenbringst, kommst du ihm näher. So fühlt er sich von dir gesehen und ernst genommen und ist bereit, auch dir einen Schritt entgegenzukommen.

Zum anderen tust du auch dir selbst einen großen Gefallen, indem du nicht ohne Rücksicht auf Verluste gegen die Sicht eines anderen Menschen ankämpfen musst. Du zeigst Verständnis und tust somit etwas für deinen eigenen Seelenfrieden.

Tool #72

Mitfühlen, nicht mitleiden!

Bis jetzt hast du erfahren, was Empathie ist. Jetzt geht es darum, was es nicht ist: Mitleiden. Was ist der Unterschied?

Mit jemandem Mitleid zu haben, bedeutet, wie der Begriff schon besagt, mit dem Menschen mitzuleiden. Empathie ist Mitgefühl: Wir fühlen das Leid des anderen zwar (und können ihn deswegen gut verstehen), leiden aber nicht wirklich selbst.

Wenn du das Leiden des anderen übernimmst, geht es dir manchmal selbst schlecht und brauchst selbst Unterstützung. Und so bist du gar nicht in der Lage, deinem Mitmenschen zu helfen. Also lass aus deinem Mitgefühl nicht Mitleid werden. Das ist weder für dich gut noch für dein Gegenüber.

12 | Sich (de-)fokussieren

Achte darauf, worauf sich deine Augen richten.

„Es geht darum, zu lernen, die Aufmerksamkeit bewusst zu lenken, und nicht, von außen gelenkt zu werden.“

*Ha Vinh Tho (*1951)*

Stell dir vor, du machst ein Foto. Alles, was du in den Mittelpunkt stellst, stellst du mit deiner Kamera scharf. Du fokussierst. Alles andere, alles Unwichtige ist verschwommen. Genau das ist gemeint, wenn du den Fokus auf etwas setzen sollst. Beim Fokussieren geht es darum, dass du dich nur auf das konzentrierst, was du gerade brauchst oder machen sollst. Der Rest wird von dir ausgeblendet und rückt erst dann wieder in deinen Fokus, wenn die richtige Zeit dafür gekommen ist.

In den vorangegangenen Kapiteln wirst du es schon festgestellt haben: Menschen mit einer stark ausgeprägten Resilienz setzen den Fokus auf die richtigen Dinge des Lebens. Es bedeutet, dass du dich vollkommen auf deine Ziele konzentrierst und auf die Wege und Möglichkeiten, wie du sie erreichst.

Es bedeutet, dass du dich nicht ablenken lässt und deinen Blick nicht davon abwendest, um deine Ziele möglichst gut zu erreichen. Den Fokus richtig zu setzen, erspart dir nicht nur viel Kraft, sondern auch Zeit und Aufwand.

Sich zu fokussieren kann im ersten Moment schwierig sein, vor allem dann, wenn du den Drang hast, allen Aufgaben und jedem Menschen in deiner Umgebung gerecht zu werden. Aber mit ein bisschen Übung kannst du lernen, den Fokus so zu setzen, dass es dir und deiner Resilienz den größten Nutzen bringt.

Tool #73

Weg vom negativen Fokus!

Viele Menschen neigen dazu, ihren Fokus mehr auf das Negative zu setzen als auf das Positive. Evolutionsbedingt ist das zunächst einmal sinnvoll, denn es ist für das Überleben wichtiger, die Gefahren um uns zu erkennen, anstatt die schönen Dinge.

Umso wichtiger ist es, uns bewusst zu machen, wie viel Positives wir in unserem Leben besitzen. Sonst würden wir vermutlich zu Pessimisten werden, und kaum noch Glück empfinden. Frage dich also:

- Wie ist gerade meine Sichtweise?
- Habe ich Scheuklappen auf, die meinen Fokus nur auf

die nicht so guten Dinge in meinem Leben lenken?

- Kann es sein, dass ich gerade die positiven Aspekte vernachlässige und meine Aufmerksamkeit den Dingen zuwende, die mich schwächen?

Wir sehen mehr das Negative als das Positive. Um glücklicher zu sein, sollten wir die Augen öffnen für die schönen Dinge.

Wenn du das Gefühl hast, von negativen Eindrücken erschlagen zu werden, dann nimm dir ein paar Minuten Zeit, um dich neu zu sortieren. Atme tief durch und versuche, deinen Fokus neu zu setzen: weg von negativen Eindrücken und Empfindungen und hin zu den positiven Aspekten.

Tool #74
Den Fokus erweitern und neu setzen

Wir bleiben bei dem Tool „Weg vom negativen Fokus!“ und bauen es ein wenig aus. Sich zu defokussieren ist für die Stärkung der Resilienz von großer Bedeutung. Doch was versteht man darunter?

Am besten beginnen wir mit einem Beispiel: Stell dir vor, du stehst in einem Tunnel. Vor dir siehst du nur einen kleinen Ausschnitt dessen, was sich hinter dem Ausgang verbirgt. Gehen wir noch eine Stufe weiter und nehmen an, dass du einen Steinbruch siehst. Viele unterschiedlich große Steine reihen sich aneinander. Alles ist grau, staubig und schmutzig. Schließlich gibst du dir einen Ruck und trittst aus dem Tunnel heraus. Du siehst die saftigen, grünen Wiesen rund um den Steinbruch und riechst den Duft von bunten Blumen. Die Sonne scheint auf die Wiesen und erhellt die ganze Landschaft.

Unser Fokus liegt oft auf einem kleinen Detail, das uns nicht gefällt und uns Unbehagen bereitet. Dann ist es wichtig, bewusst umzudenken, seinen Fokus zu erweitern und ihn anschließend neu zu setzen.

Wenn du in einer festgefahrenen Situation steckst oder immer wieder in die gleichen Situationen kommst, die dir Unbehagen bereiten, dann betrachte die gesamte Situation und nicht nur den kleinen Teil, auf den du dich bisher fokussiert hast. Ein weitsichtiger Blick kann sehr hilfreich sein. Frage dich:

- Was ist gut gelaufen?
- Wo gab es Schwierigkeiten?
- Welche Konsequenzen haben sich aus den verschiedenen Gegebenheiten entwickelt?

Betrachte also nicht mehr nur einen einzigen Aspekt, sondern defokussiere deinen Blick und ziehe auch solche Gegebenheiten in Betracht, die für dich bisher nicht relevant schienen. Richte deine Aufmerksamkeit bewusst auf das Positive und mehrere Lösungen, so verliert das Problem häufig seinen Schrecken.

Tool #75

Sich nicht vom Weg abbringen lassen

Um dich auf das Wesentliche konzentrieren zu können, musst du natürlich wissen, was das Wesentliche ist.

- Was sind also deine Ziele, die du (und wirklich nur du – kein anderer Mensch) erreichen möchtest?
- Wie gelangst du zu deinen Zielen?

Betrachte dich und deinen jetzigen Zustand als den Startpunkt. Von diesem Punkt aus siehst du in der Ferne, mal näher, mal weiter weg, kleine Inseln, zu denen du gelangen möchtest.

- Wie kommst du dort am besten hin?
- Zu der einen Insel kommst du leicht durch eigene Kraft, für eine andere benötigst du schon die Hilfe eines Bootes.
- Können die Inseln untereinander verbunden werden?
- Ist eine Insel die Zwischenstation auf dem Weg zu einer anderen Insel?

Wähle deine Route und fokussiere dich dabei auf dein Ziel und den Weg, den du nehmen musst, um dort hin zu gelangen. Somit blendest du unwichtige Aspekte aus, bei denen du Gefahr läufst, dich von deinem Weg abbringen zu lassen.

Tool #76

Pause machen und Perspektive wechseln

Wenn du lange an einem Bildschirm sitzt oder eine Aufgabe am Schreibtisch erledigen musst, wird dein Fokus mit der Zeit abnehmen. Monotone Arbeitsabläufe ermüden dich und vor allem deinen Geist schnell und führen zu einem Verlust von Konzentration.

Sobald du bemerkst, dass du dich nicht mehr auf eine Aufgabe fokussieren kannst, verlasse kurz deinen Platz. Somit schaffst du einen Perspektivwechsel und sorgst für neuen Schwung, gleichzeitig hilft ein bisschen Bewegung dabei, neue Energie zu sammeln.

Gerade wenn du dich streckst oder kleine Dehnungsübungen machst, nimmst du in dieser Zeit deinen Körper wieder als Ganzes wahr. Du kannst deine Energiereserven wieder auffüllen, bevor du wieder mit deiner eigentlichen Aufgabe fortfährst. Hilft das alles nichts, versuche es mit frischer Luft. Du kannst dein Büro oder den Ort, an dem du dich befindest, einmal durchlüften (und dabei Dehnungsübungen oder andere Bewegungen ausführen) oder einfach eine Runde um den Block drehen, um den Kopf wieder freizubekommen. Gib deinem Gehirn also auch die Möglichkeit, durchzuatmen und eine Pause zu machen.

Tool #77

Sich selbst belohnen und motivieren

Wenn du eine Aufgabe erledigt oder eine Situation gemeistert hast, besonders solche, die du als unangenehm empfindest, solltest du dich belohnen. So schaffst du einen Anreiz für dich und bleibst motiviert bei der Durchführung deiner Aufgaben.

Was für dich dabei als Anreiz dient, bleibt dir überlassen. Manche Menschen belohnen sich mit einem Stück Schokolade oder einem leckeren Kuchen, andere gönnen sich etwas anderes. Vielleicht empfindest du es auch als besonders motivierend, wenn du nach einer Zeit des Fokussierens dein Lieblingslied hören kannst oder eine Folge deiner Lieblingsserie schaust.

Betrachte deine Fähigkeit zum Fokussieren als ein Zusammenspiel aus Geben und Nehmen. Du gibst deine Bemühung und erhältst eine Belohnung.

Natürlich gibt es Aufgaben, die erledigt werden müssen, auch solche, die keine Freude machen. Du kannst dir diese Aufgaben aber so angenehm wie möglich gestalten. Du gibst für eine Stunde alles, fokussierst dich voll auf deine Arbeit, dann belohnst du dich, um Kraft zu tanken, und arbeitest danach fokussiert weiter.

Tool #78

Hände weg vom Multitasking!

In der Leistungsgesellschaft, in der wir heute leben, wird oft von Multitasking gesprochen. Du kannst mehrere Aufgaben gleichzeitig bearbeiten? Herzlichen Glückwunsch – du scheinst besonders effizient zu sein.

Allerdings: Untersuchungen haben inzwischen herausgefunden, dass man nicht schneller ist, wenn man mehrere Aufgaben gleichzeitig statt nacheinander ausführt. Das Gehirn braucht sogar länger, da durch das Hin und Her zwischen den Aufgaben Zeit verloren geht. Multitasking spart also in den meisten Fällen keine Zeit.

Es ist ein Mythos, dass wir Aufgaben gleichzeitig erledigen können, in Wirklichkeit switchen wir nur von der einen in die andere und haben lediglich den Eindruck, sie gleichzeitig erledigt zu haben. Nur einfache Dinge können wir wirklich gleichzeitig tun, z.B. Duschen und dabei Singen.

Außerdem sind wir beim Multitasking nicht in der Lage, für die einzelnen Aufgaben 100 % zu geben. Das ist nicht möglich, wenn wir uns mit mehreren Dingen gleichzeitig beschäftigen. Wir verzetteln uns vielmehr und manchmal bleibt sogar die wichtigste Arbeit des Tages unerledigt.

Multitasking verleitet uns dazu, ungenau zu arbeiten, vom eigentlichen Thema abzuschweifen und uns zu überfordern. Damit erreichen wir oft das Gegenteil von dem, was wir uns eigentlich wünschen.

Versuche, dich nur auf eine Aufgabe zu konzentrieren, und richte deinen Fokus nicht auf mehrere. Beginne mit einer neuen Aufgabe erst dann, wenn eine vorherige wirklich abgeschlossen ist. So wird die Qualität deiner Arbeit besser und du belastet deine Aufmerksamkeit nicht.

Tool #79
Rechtzeitig planen

Zeitmanagement ist ein wichtiges Tool bei der Fähigkeit, sich fokussieren zu können. Es hilft dir dabei, dich nicht zu verzetteln und dich nicht durch Druck und Hektik verrückt zu machen.

Ein gutes Zeitmanagement solltest du nutzen, wenn du bei einer Aufgabe wirklich fokussiert sein möchtest.

Wenn du etwas erledigen musst, nimm dir ausreichend Zeit dafür. Plane frühzeitig, wie du dir deine Arbeit einteilen möchtest – und halte dich daran.

Es heißt oft, unter Druck könne besser gearbeitet werden. Die Wahrheit ist: Druck lässt dich mit deiner Arbeit beginnen, erzielt aber meistens nicht das beste Ergebnis. Stell dir vor, wie gut du sein könntest, wenn du genug Zeit für deine Aufgaben hättest, dich in Ruhe vorbereiten und während der Arbeit erholsame Pausen einlegen könntest. Panik und die Angst, deinen Aufgaben nicht gerecht werden zu können, wären damit passé.

Gebe also einer geordneten und fokussierten Arbeitsweise eine Chance, so schwer es dir im ersten Moment auch fallen mag. Du wirst bald feststellen, dass du entspannter bist und auch dein Alltag ruhiger und geordneter abläuft. Stressige Situationen treten seltener auf und bringen dich somit auch seltener vom Kurs ab. Dadurch stärkst du deine mentale Widerstandsfähigkeit, das heißt deine Resilienz.

13 | Denk- und Verhaltensmuster ändern

Destruktive Gewohnheiten ablegen, konstruktive entwickeln.

„Man wird niemals sein Leben verändern, wenn man nicht verändert, was man täglich tut. Der Schlüssel zum Erfolg liegt in den täglichen Gewohnheiten."

*John C. Maxwell (*1947)*

Gewohnheiten können etwas ganz Wunderbares sein und dich in deinem Leben ein ganzes Stück unterstützen. Morgens und abends die Zähne zu putzen, ist eine Gewohnheit, die dabei hilft, deine Zahngesundheit zu erhalten.

So verhält es sich auch mit vielen anderen Gewohnheiten, die du tagtäglich mehr oder weniger bewusst durchführst. Es ist großartig, viele kraftvolle Gewohnheiten zu haben, die dich und deine Gesundheit fördern. Mit der Familie abends Tee trinken, morgens joggen, mittags fünf Minuten im Park spazieren, das sind nur einige Beispiele dafür.

Kritisch wird es allerdings, wenn zu den guten Gewohnheiten schlechte hinzukommen, z.B. zu viel ungesundes Essen, Rauchen oder Bewegungsmangel. In solchen Fällen ist es ratsam, die eigenen Gewohnheiten zu überdenken und dafür zu sorgen, sie abzustellen, da sie unseren Körper, unseren Geist und unsere Seele schwächen. Und somit auch unsere Resilienz.

Wie das so ist mit den Gewohnheiten, haben sie sich über einen längeren Zeitraum in unser alltägliches Leben eingeschlichen. Sie dort wieder herauszubekommen, ist schwer und oft begleitet von Rückschlägen. So entmutigend und frustrierend das sein kann, so menschlich und natürlich ist es.

Gewohnheiten zu ändern, erfordert Geduld und ist ein langwieriger Prozess. Hast du aber erkannt, welche deiner Gewohnheiten nicht gut für deine psychische und physische Gesundheit ist, und änderst diese Gewohnheiten, wirst du schnell feststellen, welche Vorteile das für dein Wohlbefinden hat.

Tool #80
Schlechte Gewohnheiten aufdecken

Bevor du dich daran machst, deine schlechten Gewohnheiten abzulegen, musst du erst einmal wissen, was deine schlechten Gewohnheiten sind.

Klar: Pünktlichkeit, eine gesunde Ernährung oder regelmäßige sportliche Betätigung gehören zu den guten Gewohnheiten,

Unpünktlichkeit, ungesunde Ernährung und zu wenig Bewegung zu den nicht so guten. Vielleicht gibt es aber noch Dinge, die du regelmäßig tust und die du noch gar nicht als schlechte Gewohnheit erkannt hast.

Denke darüber nach, welche ungünstigen Gewohnheiten du haben könntest.

Beantworte dabei folgende Fragen:

- Welche Dinge tue ich regelmäßig??
- Gibt es Dinge, die ich tue, auf die andere negativ reagieren? Könnten diese Dinge schlechte Gewohnheiten sein?
- Sagen andere mir, dass ich diese oder jene Gewohnheit habe?
- Welche Gewohnheiten sind nützlich für mich und mein Leben?
- Welche Gewohnheiten bremsen mich dabei aus, ein erfülltes, gesundes und glückliches Leben zu führen?
- Welche Gewohnheiten möchte ich unbedingt ablegen?
- Welche Gewohnheiten gilt es, sofort zu lösen, welche Gewohnheiten haben Zeit?

So erhältst du einen Überblick über deine Gewohnheiten. Von hier aus kannst du nun Überlegungen anstellen, wie du deine schlechten Gewohnheiten ablegst und neue, kraftvolle Gewohnheiten als Alternative entwickelst.

Tool #81
Auslöser erkennen

Setze dich mit deinen schlechten Gewohnheiten auseinander; frage dich, was die Auslöser sind.

Nehmen wir das Schokolade-Beispiel: Du hast die Gewohnheit, jeden Abend eine Tafel Schokolade zu essen, während du im Fernsehen deine Lieblingsserie siehst. Dein Griff zur Schokolade am Abend kann verschiedenste Ursachen haben, z.B.:

- Ein stressiger Tag liegt hinter dir. Schokolade essen entspannt dich.
- Du bist unzufrieden (fühlst dich z.B. einsam) und suchst nach etwas, das dich glücklich macht.
- Dir ist langweilig.
- Du hast über den Tag wenig gegessen und dein Körper verlangt Kalorien.

Frage dich, warum du ausgerechnet jetzt zur Schokolade greifst.

Wenn du z.B. gestresst bist, tut dir ein heißes Bad oder eine warme Dusche nicht eher gut als ein Stück Schokolade? Wenn du dich einsam fühlst, kann ein geliebter Mensch dir nicht besser dabei helfen, dich nicht mehr so einsam zu fühlen als ein Stück

Schokolade?

Wenn du es schaffst, dich von den Gewohnheiten zu lösen, bist du deinem Ziel, ein Mensch mit einer stark ausgeprägten Resilienz zu werden, bereits ein Stück näher.

Tool #82

Änderungen nicht unter Druck!

Stell dir vor, jemand erzählt einen Witz. Als die Pointe kommt, fängst du an, lauthals zu lachen. Jeder, der dich kennt, kennt auch dein lautes Lachen. Bisher hast du dir nichts Schlimmes dabei gedacht und mit anderen darüber geschmunzelt. Heute spricht dich plötzlich jemand darauf an: „Mensch, hör doch auf, jedes Mal so laut loszulachen. Da erschrickt man sich richtig. Gewöhn dir das lieber ab."

Rumms. Das saß, oder? Jetzt kommst du ins Grübeln. „Stimmt das? Ist mein Lachen so laut? Nerve ich damit die ganze Zeit die anderen und niemand hat was gesagt? Muss ich das jetzt ablegen?"

Du nimmst dir vor, nicht mehr so laut loszulachen, hältst es aber nicht wirklich lange durch und bist am Ende genauso laut wie immer.

Das Ablegen einer Gewohnheit wird dir leichter fallen, wenn du es aus eigenem Willen tust, und nicht deshalb, weil ein anderer Mensch das verlangt.

Achte darauf, dass die richtige Motivation hinter deinem Änderungswunsch steckt.

Äußerer Druck und Kritik führen nur in den seltensten Fällen dazu, dass wir motiviert bleiben, und nicht jede Gewohnheit, die wir haben, ist schlecht, nur weil jemand das behauptet.

Tool #83
In kleinen Schritten zum großen Ziel

Wenn du dir vornimmst, deine schlechten Gewohnheiten abzulegen, dann setze dir dafür anfangs kleine Ziele. Diese sind schneller erreichbar und frustrieren dich weniger. Du musst dir das ungefähr so vorstellen: Dein Leben lang hast du dir eine Gewohnheit so aufgebaut, dass sie nun als fester Bestandteil deines Lebens präsent ist. Sie von 100 % auf 0 herunterzuschrauben, ist viel zu schwierig, als dass du dir davon einen sofortigen Erfolg versprechen kannst. Setze dir also erst kleine Ziele und versuche, diese zu erreichen.

Ein Beispiel: Eine deiner Gewohnheiten ist es, dich und deine Handlungen negativ zu sehen. Die negative Gedankenspirale kommt automatisch, sobald du dich vor eine schwierige Situation gestellt siehst:

Aber Achtung: Setzt dich die Unterstützung anderer zu sehr unter Druck, weil du dich bei deiner Zielerreichung beobachtet fühlst, dann ist es in Ordnung, nur einen kleinen, ausgewählten Kreis einzuweihen oder auch niemandem etwas zu sagen. Wichtig ist, dass du dich beim Verändern deiner Gewohnheiten wohlfühlst.

Tool #85
Änderungen so attraktiv wie möglich gestalten

Wie schon eingangs erwähnt, werden Gewohnheiten über einen langen Zeitraum antrainiert und brauchen oft auch lange, um wieder zu verschwinden. Es lohnt sich also, wenn du dir deine Veränderung so attraktiv wie möglich gestaltest.

Wenn du nun damit startest, schlechte Gewohnheiten abzulegen, dann kann das eine sehr schwierige Aufgabe sein, die dir viel abverlangt. Du bist schließlich dabei, dich von tief eingeprägtem Verhalten zu lösen. Deshalb kann es sein, dass du immer wieder eine Pause benötigst. Für solche Momente ist es völlig in Ordnung, wenn du dir selbst etwas Gutes tust. Etwas, das deine inneren Reserven mit neuer Energie füllt. Dabei ist es völlig egal, was das ist, solange es für dich einen positiven Effekt hat.

Verwöhne dich hin und wieder selbst, gönn dir etwas und nimm dir aktiv Zeit für dich, in der du dich entspannst.

Nimm ein Vollbad, zieh dich mit einem guten Buch zurück oder mach einen ausgiebigen Stadtbummel. So behältst du dir neben deinen Verpflichtungen auch Momente in der Hinterhand, die nur darauf abzielen, dich wieder zu stärken, und es wird einfacher für dich, deine gewünschten Änderungspläne durchzuziehen.

Tool #86
Sich regelmäßig belohnen

Vergiss nicht, dich zu belohnen, wenn dir eine Verhaltensänderung gelingt. So bleibst du motiviert und ziehst deinen Plan einfacher durch.

Belohne dich, wenn du Fortschritte bei deiner Verhaltensänderung erzielt hast.

Vielleicht kannst du aber auch ein „Glas der Positivität" erstellen. Wann immer du es geschafft hast, aus deinen negativen Gedanken herauszubrechen und sie durch positive Gedanken zu ersetzen, wirfst du 1 € in das Glas. Du hast statt negativ optimistisch gedacht oder sogar gegenüber jemandem etwas Positives über dich gesagt? Wirf 1 € ins Glas. Am Ende des Jahres oder am Ende einer von dir gewählten Zeit belohnst du dich mit dem, was sich in dem Glas angesammelt hat. Je erfolgreicher du warst, desto höher ist der Gewinn aus deinen neuen Gewohnheiten. Das motiviert dich, deine bisherigen Denkweisen zu ändern.

14 | Sich bewegen und Sport treiben

Bewegung stärkt die physische, psychische und geistige Gesundheit.

„Du hast immer die Wahl: Du kannst dein Handtuch in die Ecke schmeißen oder es dazu nutzen, dir den Schweiß von der Stirn zu wischen.“

Unbekannter Verfasser

Nicht nur die bis jetzt beschriebenen mentalen Strategien fördern deine psychische Widerstandskraft, sondern auch Bewegung und Sport. Bewegung und Sport halten den Körper fit und gesund und können Krankheiten und Beschwerden vorbeugen. So ist in zahlreichen Studien bewiesen worden, dass regelmäßige Bewegung Erkrankungen des Herz-Kreislauf-Systems vorbeugen kann, den Gelenk- und Bewegungsapparat in Gang hält und zu einem allgemein besseren Wohlbefinden beiträgt. Doch auch für die Psyche sind Bewegung und Sport wichtig für den Menschen. Wenn du dich körperlich betätigst, wird dein Belohnungssystem im Gehirn aktiviert. Das bedeutet, dein Körper setzt ein Hormon namens Dopamin frei – du kennst es vielleicht unter dem Namen „Glückshormon". Ganz grob gesagt passiert Folgendes, wenn du dich körperlich betätigst: Dopamin dient als körpereigener Botschafter im Nervensystem. Gerät dein Körper in Stress (und in diesem Fall ist die sportliche Aktivität positiver Stress), setzt er das Hormon Dopamin frei, das Glücksgefühle hervorbringt.

Negative Gedanken und Grübeleien können sich schon auflösen, wenn du einen strammen Spaziergang an der frischen Luft machst – stell dir also einmal vor, wie es sein könnte, wenn du wirklich damit beginnst, dich regelmäßig körperlich zu betätigen. Bewegung und Sport kannst du gut für dich nutzen, um deine psychische Widerstandskraft zu stärken. Auch wenn es am Anfang nicht leicht ist, den inneren Schweinehund zu überwinden. Aber gelingt dir das, schlägst du gleich zwei Fliegen mit einer Klappe: Du stärkst nicht nur deine Resilienz, sondern tust auch deinem Körper etwas Gutes.

Tool #87
Sport als etwas, das dir Spaß macht

Um mit dem Sport beginnen und auch dranbleiben zu können, solltest du dir im Vorfeld Gedanken darüber machen, was dir Spaß machen könnte und was nicht. Es bringt nichts, dich mit im Fitness-Studio anzumelden, wenn du schon weißt, dass du Fitness-Studios nicht magst.

Suche dir etwas, von dem du dir vorstellen kannst, deine Zeit damit zu verbringen. Überlege auch gründlich, ob du allein oder mit anderen zusammen Sport machen möchtest.

Bewegung in der Gruppe kann motivierend sein, aber auch abschreckend, wenn man sich z.B. beobachtet fühlt oder sich an Zeiten halten muss. Finde heraus, welcher Typ du bist: eher Gruppe oder allein? Denke weiter darüber nach, welche Art Sport dir Freude bringen könnte und welche nicht. Verwerfe alles, was für dich schon beim Gedanken daran als zu großer Aufwand erscheint – das würde eine zu große Hürde darstellen und deine Motivation im Kampf gegen den Schweinehund ginge nach kurzer Zeit schon gegen Null. Stelle dir also folgende Fragen:

- Was macht mir Spaß? Welche Sportart könnte ich wohl regelmäßig ausführen?
- Bin ich eher ein Teamplayer oder ein Solokünstler?
- Wann ist der beste Zeitpunkt für mich? Morgens vor der Arbeit? Direkt nach dem Job? Abends zu Hause?
- Wie viel Aufwand bin ich bereit, zu betreiben? Möchte ich einfach loslegen oder ist eine Sportart mit viel Vorbereitungszeit das Richtige für mich?
- Kann ich mir vorstellen, diese Sportart regelmäßig auszuführen, ich also meine Motivation behalte?

Hangele dich an dieser Liste entlang und finde etwas, das deinen Vorlieben am besten gerecht wird.

Tool #88
Offen für Neues sein

Wenn du dich nicht so recht entscheiden kannst, was du nun machen sollst, dann sei offen für Neues.

Probiere verschiedene Aktivitäten aus und versuche auch solche, die dir nicht sofort in den Sinn kommen.

Vielleicht entdeckst du eine Sportart für dich, mit der du niemals gerechnet hättest, vor allem kannst du aber ausschließen, was absolut nichts für dich ist.

Sportgruppen gibt es in vielen Städten und Landkreisen – eine Möglichkeit also, um verschiedene Sportarten auszutesten. Zudem wirst du hier schnell merken, ob du in der Gruppe mehr Spaß hast oder lieber allein trainierst. Mach dir keinen Druck, aber gib auch jeder Option eine Chance und lass dich auf Neues ein. Nein sagen kannst du dann immer noch.

Tool #89

Geduldig mit sich und der neuen Sportart sein

Ein Beispiel: Nach eingehender Überlegung und nachdem du Verschiedenes versucht hast, hast du dich dafür entschieden, von nun an regelmäßig laufen zu gehen. In deinem Ort ist ein Lauftreff, der sich einmal die Woche zum gemeinsamen Joggen verabredet. Hier treffen die verschiedensten Menschen aufeinander: blutige Anfänger und Anfängerinnen, solide Läufer und Läuferinnen und solche, die eine gewaltige Strecke zurücklegen können, ohne richtig ins Schwitzen zu kommen. Sofern du nicht schon von vornherein sehr sportlich und ausdauernd bist, wirst du dich vielleicht eher bei den Anfängern oder im Mittelfeld befinden – und das ist auch völlig in Ordnung.

Es geht nicht darum, einen neuen Rekord aufzustellen, sondern darum, dir, deinem Körper, deiner Seele und deinem Geist etwas Gutes zu tun.

Sei also geduldig mit dir und der Sportart, die du gewählt hast. Mit der Zeit wirst du Erfolge verzeichnen, und es wird dir leichter fallen, dich zu bewegen, aber bis dahin steht vor allem eines im Vordergrund: dranzubleiben.

Tool #90

Bewegung in den Alltag einbauen

Es kann Zeiten geben, in denen es schwierig ist, regelmäßig Sport zu treiben. Vielleicht lässt es auch eine Verletzung oder Krankheit nicht zu oder es gibt einen anderen Grund – was auch immer es ist: In solchen Fällen kannst du Bewegung auch leicht in deinen Alltag integrieren.

Nimm lieber die Treppe, statt des Aufzugs. Der Supermarkt um die Ecke kann auch ohne Auto angesteuert werden. Und kleinere Besorgungen lassen sich bequem zu Fuß oder mit dem Fahrrad erledigen.

Nach dem Abendessen direkt auf die Couch? Versuch es mit einem kurzen Verdauungsspaziergang um den Block. Danach kannst du dich immer noch gemütlich auf dem Sofa entspannen. Du entspannst dann sogar noch besser, weil du dich bewegt hast.

Die Möglichkeiten, Bewegung in deinen Alltag zu integrieren, sind vielfältig und oft so einfach, dass es schade wäre, diese Chancen verstreichen zu lassen.

Tool #91

Für Sichtbarkeit der Erfolge sorgen

Kleine Erfolgserlebnisse steigern die Motivation und das Selbstbewusstsein. Oft nehmen wir aber unsere Erfolge gar nicht als Erfolge wahr, wir reden sie klein, indem wir sie z.B. für selbstverständlich halten oder den Zufall für sie verantwortlich machen. Deshalb ist es wichtig, sie sichtbar zu machen.

Wenn es dich nicht unter Druck setzt: Tracke deine Bewegung und sportliche Aktivität über den Tag verteilt.

Ein Schrittzähler kann z.B. eine sinnvolle Ergänzung zu deinem Vorsatz sein, dich mehr zu bewegen. Ob du dabei 5.000 oder 10.000 Schritte als Ziel einstellst, bleibt dir überlassen. Du kannst den Tracker auch genauso gut dafür einsetzen, ihn nur für Spaziergänge zu nutzen. „Heute möchte ich bei meinem Spaziergang mindestens 2.500 Schritte machen“ kann dabei ein ebenso guter Plan sein wie ein Gesamttagesziel von 10.000 oder mehr Schritten. Auch eine Stoppuhr kann dir dabei helfen, deinen Erfolg sichtbar zu machen. Letzte Woche hast du deine Runde in 30 Minuten abgeschlossen, diese Woche benötigst du für dieselbe Strecke nur noch 27 Minuten. Suche dir also eine Möglichkeit, deine Erfolge zu dokumentieren, und halte sie dir immer wieder vor Augen.

Tool #92
Sich weiterentwickeln

Wir bleiben beim Thema und verbinden die Sichtbarmachung deiner Erfolge mit einer anderen Möglichkeit, deine Motivation aufrechtzuerhalten und somit mehr Bewegung in dein Leben zu bringen. Nämlich: sich zu verbessern.

Trete in einen Wettkampf mit dir selbst.

Nimm jede neue Woche auch als neue Herausforderung an und verbessere dich stetig. Versuche, deine Leistungen immer wieder zu steigern und deine eigenen Rekorde zu schlagen. Letzte Woche hast du von Montag bis Sonntag 50.000 Schritte geschafft? Diese Woche sollen es 52.000 Schritte sein.

Bei deiner letzten Runde hast du es bis zur Hälfte der Strecke geschafft? Dieses Mal nimmst du dir vor, drei Viertel zu schaffen. Der Wettbewerb mit dir selbst ist etwas, das dich unheimlich motivieren kann. Spielerisch entwickelst du somit einen Ehrgeiz, der dich dazu herausfordert, deine Aktivität weiterzuführen. Zudem vergleichst du dich mit der einzig relevanten Person, nämlich dir, und holst das Optimum aus deinen Leistungen heraus. Du wirst selbstbewusster und dir wird bewusst, was du allein aus deiner eigenen Kraft heraus schaffen kannst. Und wenn du es beim Sport schaffst, immer besser zu werden, schaffst du es auch in anderen Bereichen deines Lebens.

Vorsichtig mit der Leistungssteigerung solltest du nur sein, wenn du dazu neigst, nie zufrieden mit dir zu sein. Es geht nicht darum, dass deine vorherige Leistung nichts wert sei, das Gegenteil ist der Fall: Jeder Erfolg, so klein er auch ist, verdient es, gefeiert zu werden.

Tool #93
Vielseitig bleiben

Routinen sind etwas Wundervolles, um am Ball zu bleiben. Vielleicht schaffst du es, Sport oder regelmäßige Bewegung mit in deine Alltagsroutine hineinzunehmen. Es kann aber auch sein, dass du gelangweilt bist, wenn du z.B. jeden Abend die ewig gleiche Strecke entlang joggst oder immer den gleichen Bewegungsablauf herunterleierst.

Bleibe flexibel und variiere in deinen Abläufen.

Suche dir wie in dem Beispiel Laufstrecken, die besonders schön anzusehen sind oder dir besonders gut gefallen. Nimm dir deine Lieblingsmusik oder ein Springseil mit und gestalte dir deine

Joggingzeit so angenehm wie möglich. Bist du es müde, eine Aktivität auszuführen, suche dir wieder etwas Neues und fordere dich dort heraus. Alles, was dich zu mehr Bewegung motiviert, ist genau richtig!

15 | Sich glücklich schätzen

Achte das Kleine, dann hat es die Chance, ganz groß zu werden.

„Glück hängt nicht davon ab, wer du bist oder was du hast. Es hängt nur davon ab, wie du denkst."

Dale Carnegie (1888–1955)

Einmal abgesehen von Gesundheit, Liebe und Reichtum, gibt es vor allem eine Sache, die sich wahrscheinlich jeder Mensch wünscht: Glück.

Den Wunsch, Glück zu haben bzw. glücklich zu sein, gibt es wahrscheinlich schon so lange, wie es die Menschheit gibt. Die größten Philosophen haben sich mit dem Thema Glück auseinandergesetzt – Platon und Aristoteles in der Antike, aber auch Immanuel Kant, Arthur Schopenhauer oder Friedrich Nietzsche in der Moderne. Die einen vertreten die Meinung, dass jeder Mensch von Geburt an ein Recht auf Glück hat, andere sehen die Erfüllung des Glücks in einem Gleichgewicht verschiedener Lebensaspekte. Es gibt die Ansicht, dass Glück Schicksal, also vom Menschen nicht zu beeinflussen ist, und die Ansicht, dass jeder Mensch wesentlich zu seinem eigenen Glück beitragen kann.

„Jeder ist seines Glückes Schmied" ist eine bekannte Volksweisheit, die es zu diesem Thema gibt. Ich stimme dem zu, denn sicherlich gibt es einiges, das jeder von uns zum eigenen Glück beitragen kann. Aber nicht alles. Denken wir z.B. an Menschen, die Krieg, Krankheit oder etwas anderes Schlimmes erleben müssen.

Wie viel Einfluss wir auf unser Glück auch haben: Fakt ist, dass wer über eine stark ausgeprägte Resilienz verfügt, glücklicher durchs Leben geht – und umgekehrt.

Tool #94
Dinge wieder schätzen lernen

Greifen wir den Satz „Jeder ist seines Glückes Schmied" auf. Auch dann, wenn wir Umstände nicht beeinflussen können, können wir etwas für unser Glück tun. Nämlich indem wir unser Verständnis vom Glück ändern. Ein Beispiel: Du bist in der Stadt und startest eine ausgiebige Einkaufstour. Nach einer anstrengenden Woche hast du dir das wirklich verdient und du möchtest dir nun einfach etwas gönnen. In verschiedenen Geschäften findest du verschiedene Dinge, die dir gut gefallen. Du gönnst dir ein neues Oberteil, eine Hose und ein Paar Schuhe. Während du deine Ausbeute in den Händen hältst und nach

Hause trägst, bist du noch glücklich über deine Errungenschaften. Die ersten Tage kleidest du dich mit ihnen, führst sie voller Stolz all deinen Bewunderern vor und freust dich. Du bist glücklich. Mit jedem weiteren Tag aber werden die Sachen für dich selbstverständlicher, bis du an dem Punkt angelangt bist, dass du sie anziehst und dich nicht mehr so freust wie noch zu Beginn. Schon bald hast du den Drang, dir wieder etwas Neues zu kaufen.

Überlege, was du in deinem Leben als selbstverständlich ansiehst. Mache dir bewusst, dass vieles nicht selbstverständlich ist, sondern ein Geschenk, das andere nicht haben.

Das kann Alltägliches sein: der frisch aufgebrühte Kaffee am Morgen, das kurze Telefonat mit einem lieben Menschen oder die spannenden Gespräche am Mittagstisch.

Vielleicht sind es aber auch Sport und Fitness, die dir jeden Tag die Möglichkeit bieten, das zu genießen, was du dir vornimmst, oder Menschen in deinem Umfeld, die du liebst und die dich lieben.

Wenn du nachdenkst, wirst du wahrscheinlich noch weiteres finden, das du als selbstverständlich ansiehst. Mache dir bewusst, dass vieles nicht selbstverständlich ist, sondern ein Grund, dich glücklich zu schätzen.

Tool #95

Eine neue Betrachtung von Glück und Unglück

Wir Menschen neigen dazu, Glück und Unglück nur als Weiß und Schwarz zu sehen, als Gut und Böse. Aber es gibt nur wenige Dinge, die nur gut oder nur schlecht sind. In der Regel hat das Gute auch eine schlechte Seite, das Schlechte auch eine gute. Und: Was sich zunächst als schlimm darstellt, kann sich später als das größte Glück entpuppen. Eine Kündigung kann dich völlig aus der Bahn werfen, aber später bekommst du eine Stelle, die viel besser zu dir passt. Ohne die Kündigung hättest du das nicht erfahren. Oder dein Freund trennt sich von dir. Nach langem Leiden stellst du fest, dass dir die Beziehung gar nicht guttat und du dich jetzt ohne diesen Menschen viel besser fühlst.

Betrachte jede schlechte Situation nur als vorläufig schlecht. Du weißt nicht, was danach kommt.

Ein weiterer Aspekt des Glücklichseins ist, dass es kein Glück gibt ohne Unglück. Das hat schon der Philosoph Wilhelm Schmid gesagt. Stelle dir einmal vor, du seist immer nur glücklich, 3 Monate lang, 1 Jahr lang, 5 Jahre lang usw. Du ahnst schon: Es geht überhaupt nicht. Man kann nicht durchgehend glücklich sein. Gefühle kommen und gehen. Wir können sie nicht ewig halten. Selbst wenn wir es könnten: Wir würden das Glück nicht weiter als Glück erleben können, weil es sich erschöpfen würde. Also:

Glück können wir nicht erleben, wenn wir nicht auch das Unglück kennen würden.

Tool #96
Tolerant sein

Weißt du, was viele von uns sehr unglücklich macht? Andere Menschen. Nun hört sich das härter an, als es gemeint ist, denn wie wir wissen, sind unsere Mitmenschen eine wichtige Säule der Resilienz. Gemeint ist vielmehr, dass wir uns oft über andere ärgern, uns an ihren Einstellungen oder Verhaltensweisen stören und uns damit unglücklich machen.

Es ist bemerkenswert, wie häufig wir unser Glück davon abhängig machen, wie andere Menschen leben. Sie ist viel zu ausgeflippt, er ist so engstirnig, sie ist zu emotional usw. Doch was hat das Leben dieser Menschen mit deinem Leben zu tun? Solange dich niemand in deiner Freiheit einschränkt, kann jeder tun und lassen, was er will.

Störe dich nicht an den Eigenschaften der anderen. Sie sind so, wie sie sind, so wie du bist, wie du bist.

Hinterfrage in solchen Momenten dich selbst: Warum reagiere ich gerade so? Was stört mich an dieser Lebensweise? Beeinflusst sie mich in irgendeiner Weise oder werden mir so nur Eigenschaften vor Augen gehalten, die mich an mir selbst stören oder die ich an mir selbst vermisse?

Wenn du anfängst, dir diese Fragen ehrlich zu beantworten, kannst du daraus viel von dir lernen.

Tool #97
Sein eigenes Glück finden

Das letzte Tool schneidet diese Thematik schon an, aber wir gehen noch einen Schritt weiter.

Glück ist nicht das, was andere Menschen dir versuchen, einzureden. Glück ist das, was du darunter für dein Leben verstehst.

Wenn du gefunden hast, was dich glücklich macht, dann ist es egal, was andere davon halten. Und wie kannst du finden, was dich glücklich macht? Stelle dir folgende Fragen:

- In welchen Momenten bin ich besonders glücklich?
- Was zeichnet diese Momente aus? Sind es z.B. Momente, in denen ich mit lieben Menschen zusammen bin? In denen ich eine besondere Leistung erbringe? In denen ich künstlerisch tätig bin?
- Ist das, was auch mich glücklich macht, das, was die Gesellschaft unter Glück versteht, oder sind es ganz andere Dinge?

Frage dich als Nächstes:

- Wie kann ich glückliche Momente für mein Leben schaffen?

Je mehr du dich mit diesen Fragen auseinandersetzt und je ehrlicher du sie beantwortest, desto schneller weißt du, was du tun musst, um glücklicher zu sein. Setze dich also eingehend mit dir selbst, deinen Gefühlen und deinen Einstellungen auseinander und blicke auf das, was dir guttut, und nicht auf das, was andere von dir erwarten.

Tool #98

Glück sichtbar machen

Die Sichtbarmachung deines Glücks hilft dir dabei, dass du erkennst, wie viel du davon hast.

Beginne damit, jeden Tag die Momente aufzuschreiben, die dich glücklich gemacht haben.

Das müssen nicht große Ereignisse sein, auch (vermeintlich) kleine Dinge können dein Wohlbefinden steigern. Überlege dir jeden Abend, welche Glücksmomente du tagsüber hattest. Das könnten z.B. folgende sein:

- Ein strahlendes Lächeln beim Spaziergang um den Block
- Eine unerwartet früher gelieferte Postsendung
- Ein inspirierendes Telefonat mit einer lieben Person

Schreibe wenn möglich alles auf, was dein Glück im Alltag größer macht, und sammle diese Notizen. Du kannst dafür eine „Glücksbox" basteln oder eine „Pinnwand des Glücks" anfertigen und sie so platzieren, dass du täglich darauf blickst und daran erinnert wirst. Zudem fügst du jeden Tag neue Glücksmomente hinzu und siehst so aktiv, wie viel Glück in deinem Leben vorhanden ist.

Tool #99

Wichtige Feiertage als Glückstage betrachten

Ostern, Geburtstage und vor allem Weihnachten: Je näher ein wichtiges Ereignis kommt, desto gestresster werden wir. Habe ich alle Geschenke beisammen? Wie feiere ich diesen wichtigen Tag? Wen lade ich ein? Was bereite ich zum Essen vor?

So viele Fragen, die wir uns stellen und die aus solchen Tagen puren Stress machen statt Besinnung, Freude und Glück. Gerade an diesen Tagen vergessen wir unser Lächeln, weil wir in der Hektik, alles perfekt machen zu wollen, vergessen, worum es wirklich geht: Zeit mit den Menschen zu verbringen, die uns unendlich viel bedeuten.

Sorge an wichtigen Feiertagen des Jahres für Entschleunigung und Entspannung.

Setze dich mit deinen Liebsten zusammen, überlegt gemeinsam, was jeden von euch glücklich macht, und geht dann auch genau nach diesen Vorstellungen vor. Es kommt nicht auf das beste Essen und die teuersten Geschenke an, sondern darauf, sich gegenseitig wertzuschätzen und gemeinsame Momente zu erleben, an die man sich noch Jahre später gerne zurückerinnert. Wenn dabei alle an einem Strang ziehen, erreichst du nicht nur für dich Glück, sondern für alle anderen in deinem Umfeld auch.

Tool #100

Geteiltes Glück ist doppeltes Glück

Stell dir vor, du hast alles Glück auf der Erde und teilst es mit niemandem. Das mag eine Zeit lang gut gehen, aber ein wirklich erfüllendes Leben ist das nicht. Sieh also zu, dass du dein Glück mit anderen teilst, dass du auch andere Menschen glücklich machst. Du weißt mittlerweile, dass es dabei nicht auf große Gesten ankommt, sondern schon kleine Dinge viel bedeuten können.

Je mehr du dein Glück teilst und damit andere glücklicher machst, desto glücklicher machst du auch dich selbst.

Leuchtende Augen, strahlendes Lächeln, aufrichtige Dankbarkeit oder auch nur tiefe Zuneigung – all das sind die Dinge, die dir zuteilwerden, wenn du andere Menschen mit deinem Glück ansteckst. Also: Teile dein Glück, lass andere glücklicher werden, und werde auch du glücklicher – und damit resilienter.

Nachwort

Du bist ans Ende dieses Ratgebers angekommen. Welche Tools du für dich anwendest und welche Lehren du aus diesem Buch ziehst – das alles bleibt dir überlassen.

Vielleicht konntest du in einigen Bereichen neue Erkenntnisse für dich gewinnen oder eine andere Sichtweise auf die Dinge erlangen. Vielleicht denkst du in einigen Bereichen deines Lebens nun anders oder hast den Entschluss gefasst, deine Herangehensweise an Probleme von jetzt an zu ändern.

Vielleicht hast du aber auch festgestellt, dass deine Widerstandsfähigkeit größer als erwartet ist und ziehst daraus nun deine Kraft.

Was es auch ist, das dir dieses Buch vermittelt hat, es soll dir nicht nur heute, sondern auch in Zukunft ein treuer Wegbegleiter sein.

Du kannst immer wieder durch die verschiedenen Kapitel blättern, die Tools neu anwenden oder dich zwischendurch vergewissern, dass du auf dem richtigen Weg zu einer stärker ausgeprägten Resilienz bist. Nutze dieses Wissen, um gefestigt alle Hindernisse zu überwinden, die sich dir in den Weg stellen. So wirst du von Mal zu Mal stärker und wirst feststellen: Mich kann nichts mehr erschüttern.

Impulse, Tipps und Übungen für eine bessere Kommunikation in deiner Beziehung

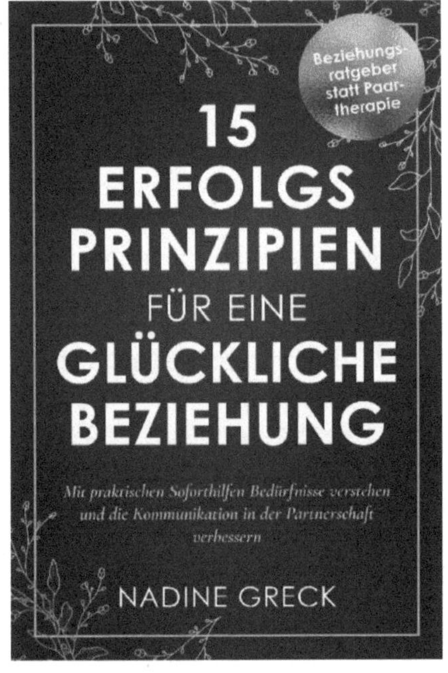

Nadine Greck

15 Erfolgsprinzipien für eine glückliche Beziehung

Taschenbuch

160 Seiten

ISBN 3982523044

Auch als E-Book erhältlich

Verbessere jetzt die Kommunikation in deiner Beziehung mit einfachen und wirksamen Methoden aus der Paar-Mediation. Die bewährten Impulse, Tipps und Übungen verhelfen dir zu mehr Glück und Harmonie im Beziehungsalltag.

Starte jetzt damit, deine Beziehung auf eine neue Ebene zu heben.

Literatur

- Arnhold, Dr. Julia (2012): Radikale Akzeptanz, https://www.psyberlin.com/2012/01/23/radikale-akzeptanz/
- Bildungsinstitut für Empathie (2022): Resilienz und Empathie, https://www.bildungsinstitut-fuer-empathie.de/themengebiete/resilienz-und-empathie.html
- Brahm, Ajahn (2015): Der Elefant, der das Glück vergaß: Buddhistische Geschichten, um Freude in jedem Moment zu finden, Lotos Verlag
- Brahm, Ajahn (2019): Nur wer loslässt, kann auch fliegen: Buddhistische Lebensweisheit, um Schwierigkeiten gelassen zu meistern, Lotos Verlag
- Brockhaus, Sarah (2020): Empathie lernen: So wirst du einfühlsamer, https://utopia.de/ratgeber/empathie-lernen-so-wirst-du-einfuehlsamer/
- Clear, James (2022): Die 1%-Methode - Das Erfolgsjournal: Halte deine Gewohnheiten fest und erreiche jedes Ziel, Goldmann Verlag
- Davis, PhD Tchiki (2018): How to Be Happy: 23 Ways to Be Happier, https://www.psychologytoday.com/us/blog/click-here-happiness/201801/how-be-happy-23-ways-be-happier
- Dobelli, Rolf (2020): Die Kunst des klugen Handelns, Piper Verlag
- Doll, Psy.D., L.P. Karen (2019): 23 Resilience Building Activities & Exercises for Adults, https://positivepsychology.com/resilience-activities-exercises/
- Fenzl, Paul-Vincent (2019): Dein Leben. Deine Macht.: Erlebe die fünf Ebenen der Eigenverantwortung., Eigenverlag
- Hamer, Tim (2020): Empathie lernen – 13 bewährte Übungen für mehr Mitgefühl; https://dubistgenug.de/empathie-lernen/
- Haupt, Johannes (2018): Glücklich sein: 20 Tipps und

Übungen für mehr Glück im Alltag, https://www.lernen.net/artikel/gluecklich-sein-20-tipps-uebungen-1172/

- Haupt, Johannes (2019): Empathie lernen: 15 Tipps für mehr Mitgefühl, https://www.lernen.net/artikel/empathie-mitgefuehl-lernen-depo-1791/
- Hauschild, Jana (2013): Sport für die Seele, https://www.spiegel.de/gesundheit/psychologie/psychotherapie-sport-hilft-bei-psychischen-erkrankungen-a-938242.html
- Hayes, Steven C. PhD (2017-2022): Major publications, University of Nevada, https://www.unr.edu/psychology/faculty/steven-hayes
- Hayes, Steven C. PhD (2022): My ACT Tool Kit, https://stevenchayes.com/my-act-toolkit/
- Heller, Prof. Dr. Jutta (2015): Netzwerkorientierung, https://juttaheller.de/resilienz/resilienz-abc/netzwerkorientierung/
- https://instagram.com/holistischeresilienz?igshid=YmMyMTA2M2Y=
- Johnstone, Matthew (2015): Resilienz. Wie man Krisen übersteht und daran wächst, Verlag Antje Kunstmann
- Kahneman, Daniel (2016): Schnelles Denken, langsames Denken, Penguin Verlag
- Klemm, PhD William R. (2020): Learn How to Focus, https://www.psychologytoday.com/us/blog/memory-medic/202006/lesson-3-learn-how-focus
- Klöckner, Julia (2014): Wundermittel Bewegung, https://www.zeit.de/zeit-wissen/2014/02/sport-bewegung-gesundheit-therapie/komplettansicht#print
- Levine, Peter A. (2011): Sprache ohne Worte: Wie unser Körper Trauma verarbeitet und uns in die innere Balance zurückführt, Kösel-Verlag
- Lindberg, Sara (2022): Need Help Staying Focused? Try These 10 Tips, https://www.healthline.com/health/mental-health/how-to-stay-focused
- Mai, Jochen (2022): Nur realistischer Optimismus ist gesunder Optimismus, https://karrierebibel.de/video/nur-

realistischer-optimismus-ist-gesund/
- Mangelsdorf, Judith (2021): Ein realistischer Blick auf die Welt ist nicht immer von Vorteil, https://www.zeit.de/zeit-magazin/leben/2021-11/optimismus-realistischer-blick-welt-judith-mangelsdorf-psychologie/komplettansicht#paywall
- Moore, Catherine (2019): Resilience Training: How to Master Mental Toughness & Thrive, https://positivepsychology.com/resilience-training/
- Münster, Ben (2021): Die 7 Säulen der Resilienz und ihre genaue Erklärung, https://dailymentor.de/psychologie/die-7-saeulen-der-resilienz/
- Niebler, Tamara (2022): Was ist Glück? Philosophie zur Bedeutung von Glück, https://www.die-inkognito-philosophin.de/blog/innere-zufriedenheit-glueck
- Otto, Anne (2018): Akzeptanz lernen, https://www.psychologie-heute.de/leben/artikel-detailansicht/39047-akzeptanz-lernen.html
- Pörner, Gabi (2017): Der Weg zur Gelassenheit: Positiv mit Druck und Stress umgehen, Allegria Taschenbuch
- Reed, Anne (2022): Unverwundbar durch Resilienz, Selbstverlag
- Sinek, Simon (2018): Finde dein Warum: Der praktische Wegweiser zu deiner wahren Bestimmung, Redline Verlag
- Stahl, Stefanie (2015): Das Kind in dir muss Heimat finden: Der Schlüssel zur Lösung (fast) aller Probleme, Kailash Verlag
- Stobbe, Marcus (2019): Lösungsorientiert denken und handeln: Wie eine Haltung Ihr Leben verändert, Haufe-Lexware
- Stoll, Prof. Dr. Oliver (2020): So wirkt Sport auf deine Psyche, https://www.dak.de/dak/fitwoch/so-wirkt-sport-auf-deine-psyche-2541248.html#/
- The Resilience Toolkit Training Alliance (2022): Resilience at work and in life, https://www.resiliency.tools/
- Träder, René (2020): Resilienz: 7 Übungen, die das psychi-

sche Immunsystem stärken, https://www.7mind.de/magazin/resilienz-uebungen-innere-staerke-tipps
- Watzlawick, Paul (2021): Anleitung zum Unglücklichsein, Piper Verlag
- Weidlich, Andrea (2019): Der geile Scheiß vom Glücklichsein: Wie man das Glück nicht sucht und trotzdem findet, mvg Verlag
- Weidlich, Andrea (2021): Wie du Menschen loswirst, die dir nicht guttun, ohne sie umzubringen: Über die Kunst des Loslassens von toxischen Menschen und Selbstzweifeln, mvg Verlag
- Wengenroth, Matthias (2016): Das Leben annehmen: So hilft die Akzeptanz- und Commitment-Therapie (ACT), Hogrefe AG
- Willnow, Nicole (2018): Krisen sind Chancen. Nur in Arbeitskleidung., http://resilienzia.de/resilienz-faktor-netzwerkorientierung-geben-und-nehmen/
- Windscheid, Leon (2021): Besser fühlen: Eine Reise zur Gelassenheit, Rowohlt Taschenbuch
- Wolf, Dr. Doris (2021): Akzeptanz – Was ist das?, https://www.palverlag.de/lebenshilfe-abc/akzeptanz.html
- Ziglar, Zig (2013): Embrace the Struggle: Living Life on Life's Terms, Howard Books

Zeitfracht Medien GmbH
Ferdinand-Jühlke-Straße 7
99095 Erfurt, Deutschland
produktsicherheit@kolibri360.de